不動産投資は、「物件」で選ぶと、99％失敗する

株式会社WonderSpace
代表取締役社長
山本尚宏
NAOHIRO YAMAMOTO

CROSSMEDIA PUBLISHING

はじめに

不動産投資は、人生に〝ワクワク〟をもたらしてくれる！

この本の初版を発行したのは２０２０年で、当時は「老後２０００万円問題」やコロナショックが人々の関心の中心でした。それから3年が経ち、社会は大きく変わりました。近年の情勢で私たちに最も大きな衝撃を与えたのは、ロシアによるウクライナ侵攻でしょう。この惨事によって国の安全や食糧の確保など、さまざまな価値観について考えさせられることになりました。

そのような中で、人々のお金に対する価値観もまた、大きく変化しつつあります。ウクライナ情勢などを発端として物価がぐんぐん上昇し、円安も急激に進行し、日銀が長期金利を事実上利上げしたことで住宅ローン金利の上昇も懸念されています。

このような社会情勢の変化に伴い、皆さんのお金に対する不安も増大しているようです。収入はいつまでたっても増えないのに、物価上昇や円安によってお金の価値は下がるばかり。現金を持っているだけでは資産の価値は下がる一方で、こうしたリスクが表出し、ちょっとしたパニック状態に陥っているように感じています。

お金に関する悩みは人それぞれではありますが、どうすればお金の不安を解決できるのか。その解として私たちが本書で提示するのが、不動産投資です。投資にはさまざまな種類がありますが、コロナ禍を経て物価高の現在においても、強いポテンシャルを発揮しているのが、不動産投資なのです。

最近では、大手企業でも希望退職の名のもとにリストラが行われたり、退職金が減らされたりしています。また、国が年金の支給開始年齢を引き上げており、企業が設定する定年自体も65歳、70歳、いずれは75歳というのも見えてきました。

現在、年収が1000万円以上ある人でも、老後に悠々自適な暮らしをするというのはかなり難しくなっています。それなのに、国税庁の「令和3年分民間給与実態統計調査」の「給与階級別給与所得者数・構成比」によれば、国内全体で年間給与額が

1000万円超の人は5%弱しかいません。

このような時代だからこそ、若い世代には共働きで子供を意識的に持たない夫婦（DINKs）が増え、少子高齢化の原因にもなっています。少子高齢化が進めば、介護や医療の担い手が不足し、加えて高齢者を支える若手の人数が減りますから、社会保障制度が破綻するのではないかと懸念されています。近年、女性が活躍できる社会になってきたことは素晴らしいことですが、反面、共働きをして貯蓄をしておかないと老後が不安だという若い世代の人が増えているのも事実です。

それなら定期預金でもしておけばいいじゃないか、と思っている人もまだいるかもしれません。しかし現在は低金利政策のため、銀行に預けているお金が増えることは期待できません。

1980年代のバブル期のように定期預金の金利が7%～8%くらいあれば、それでも十分でした。しかし、今はゼロ金利の時代です。定期預金の金利は銀行によって異なりますが、メガバンクの定期預金金利は年率税引き前で0・002%（2023年10月現在）です。1000万円を1年間預けても、わずか200円しか増えない計算です。ですから、銀行にお金を置いておくのはほとんど意味がありません。

老後に備えて十分なお金を準備するためには、資産運用が必要なのです。一口に資産運用といっても、金融商品にはさまざまなものがあります。国や地方公共団体、企業などが一般の投資家から借り入れを行う目的で発行する「債券」、複数の投資家から集めたお金を1つの大きな資金にして運用の専門家が株式や債券などに投資する「投資信託」、通貨の売買で発生する差額の利益を狙う「外国為替証拠金取引（FX）」など、それぞれ特徴が違います。

どの金融商品も、失敗する「リスク」と成功して得られる利益「リターン」があります。投資した元本がどれくらい増えたのか示す割合を「利回り」といい、商品によって利率は変わります。例えば債券などは、リスクも低いですがリターンも低い、つまりローリスク・ローリターンの商品です。一方でFXは、当たれば元本に対して数十%の利回りが出ますが、失敗すれば元本割れをするリスクもあるハイリスク・ハイリターンの商品です。これはデイトレーダーなど、大きく稼ぎたい投機家向けの商品といっていいでしょう。

私はさまざまな資産運用の手法の中でも、一般の会社員に最も適しているのが不動産投資だと考えています。その理由はいくつかありますが、最大のメリットは「金融機関からの融資を活用できるため、少ない自己資金で投資ができる」、いわゆるレバレッジ効果を期待できることです。

他の金融商品は、銀行から融資を受けるのは難しいので、ある程度の自己資金が必要になります。資金がない状態での投資はボリュームメリットも得られませんし、万が一、失敗してしまうと普段の生活にも支障がでるなど、リスクも大きくなります。とはいえ、そもそも一般の会社員が、数千万円という現金を準備するのは難しいことも事実でしょう。

その点、不動産投資は、例えば５０００万円の物件を買うときでも頭金５００万円を用意すれば、残りの４５００万円は銀行の融資でまかなえます。他人資本で投資でき、しかも金額が大きいため、利回りが他の金融商品より相対的に低かったとしても、リターンの額が大きくなる傾向があります。つまり、ミドルリスク・ミドルリターンの投資なのです。

不動産投資の収益には「キャピタルゲイン」と「インカムゲイン」の2つがあります。キャピタルゲインとは、簡単にいえば、物件を売却することにより得られる利益です。これは株式などの金融商品にも共通しています。仮に3000万円で買った不動産が、5年後に3300万円で売れたとしたら、300万円のキャピタルゲインを得た、ということになります。一方、インカムゲインは、いわゆる家賃収入です。自分がオーナーになった物件を、他人に賃貸することで得られる収入で、不労所得ともいわれます。「不労」とある通り、物件の管理を管理会社に任せれば、事実上は働かずに毎月安定して家賃が入ってきます。当然、管理にはさまざまな費用がかかるため、家賃からそれらの費用が控除され、運営していくためのさまざまな手続きも発生します。

とはいえ、会社であくせく働くような労力をかけずとも、安定収入が発生するというのは大きなメリットです。不動産投資なら、実際に物件を現地に見に行けますから、どのような環境で運営されているか一目でわかるという安心感もあります。

もちろん、不便な立地だと家賃が下がってインカムゲインが減少したり、不動産価値が下がってキャピタルゲインが減るなどのリスクはあります。

しかし、本書でお伝えする成功のためのノウハウを頭に入れたうえで投資をすれば、失敗する可能性を低くすることができるでしょう。私は、人生100年時代においては、不動産投資などの資産運用をしないほうがかえってリスクになると考えています。これまではある程度、国任せでも年金という保障がありましたが、今後はいかに資産運用して生活を自衛していくかが大切です。

実は私自身、2022年から不動産投資をはじめました。私たちは、これまで9年間「不動産投資の教科書」というメディアを運営していますが、「不動産投資専門のサイトを運営しているのに、これまでやったことがなかったのか?」と思われるかもしれません。たしかにその通りです。しかし、実は日本の金融機関の融資に対する考え方は、皆さんが思っている以上に中小企業の経営者に対してシビアなのです。

仮に、いくら業績がよくても、不動産投資に精通しているプロフェッショナルであっても、会社を設立して数年程度という実績では、残念ながら金融機関は相手にしてくれないというのが実情です。私は投資すべき物件を探すと同時に、融資をしてくれる金融機関を全力で探し続け、10行以上にローン審査を申し込みました。話を聞いてくれるところが見つかっても、「頭金を物件金額の半分以上入れてください」といった言葉で断られるのが常。しかしそれでは、不動産投資の魅力の1つであるレバレッジ効果を活かすことはとてもできません。

苦労しましたが、2022年に創業10年を迎え、やっと満足できる融資条件でローンを組むことができました。私は経営者という立場ゆえに、銀行の融資がなかなかおりませんでしたが、こうした経験があるからこそ、私とは異なり融資を受けて今すぐにでも不動産投資をはじめることができる方をとてもうらやましく、恵まれていると考えています。

不動産投資は、人生に〝ワクワク〟をもたらしてくれるものである。――これは私たちの掲げる理念であり、私自身今まさにそれを実感していますが、ここで、不動産投資がなぜ〝ワクワク〟をもたらしてくれるのか、どのような〝ワクワク〟をもたらしてくれるのかについてお話ししましょう。

まず、人間は根源的に所有欲がある生き物です。そして人間が所有するもので、物理的に最も大きく、高額なものは不動産であると思います。そのため、たとえ自分で住むのではなくとも、手に入れたこと自体で大きな満足感が得られるのだと考えています。さらに、それが毎月自分の口座に家賃収入を振り込んでくれるのですから、〝ワクワク〟はさらに増大します。

そして、将来に対して〝ワクワク〟する気持ちで考えられるようになるということも、不動産投資の大きな魅力です。これは、私が不動産投資をはじめて最も大きく変わったことの1つですが、将来に対する漠然とした不安が薄れ、本業以外に収入源があることが、かくも大きな安心感をもたらしてくれることに、今更ながら驚いています。この安心感が「将来、どのように生きていこうか」という前向きなビジョンにつながり、私は今、〝ワクワク〟した気持ちで自分の将来を考えることができるようになりました。

ただし、この〝ワクワク〟が得られるのは、あくまで不動産投資に成功していることが前提であり、成功するには「正しい情報・知識」と「判断基準」が必要不可欠です。

DXが加速度的に進み、世の中にはたくさんの情報があふれています。どの情報を信じればいいいか、判断に迷った経験をお持ちの方も多いでしょう。そんな現代において私たちがまず得るべきは、「正しい情報」を選ぶための確固たる「判断基準」なのです。この2つを両輪として不動産投資を実践することで、成功できる。――私たちはそのように考えています。

そんな〝ワクワク〟を与えてくれる不動産投資ですが、失敗する人が多いこともまた事実。特に、正しい情報と判断基準を持たないがゆえに「物件」だけを重視して投資対象を選び、成果を得られない投資家がとても多いことを痛感しています。改訂にあたって書籍のタイトルを『不動産投資は「物件」で選ぶと99%失敗する』と改変したのも、そんな投資家のみなさんに警鐘を鳴らしたい想いがあります。

本書では、不動産投資に関する「正しい情報・知識」をお伝えするとともに、これから不動産投資をはじめようとする方、すでに不動産投資をはじめてみたけれども、いまいちうまく行っているのかよくわからない投資家の皆さんに、自分なりの「判断基準」を持ってもらうためのポイントをたくさん詰め込みました。本書を活用して不動産投資を実践し、「不動産投資はとても〝ワクワク〟するもの」という私たちの考えをぜひ体感いただき、皆さんの将来をより豊かにすることにつながればと願っています。

さあ、今こそ不動産投資の〝ワクワク〟な世界へ、一歩踏み出していきましょう！

・本書は『99％失敗しない、不動産投資のはじめ方』（弊社刊）を改題し、加筆したものです。

・本書は投資の参考となる情報提供を目的としています。投資にあたっての意思決定、最終判断はご自身の責任でお願いいたします。本書の内容は２０２３年11月１日現在のものであり、予告なく変更されることもあります。また、本書の内容には正確を期する万全の努力をいたしましたが、万が一、誤りや脱落等がありましても、その責任は負いかねますのでご了承くださいませ。

2章 成功させる！ 不動産投資の考え方

3章　失敗しない！　不動産投資のはじめ方

4章 これは外せない！ 優良物件の選び方の原則

5章

誰も教えてくれない！成功する買付・融資の方法

もっと詳しく知るためのQ&A④

6章 価値を下げない、マンション経営のポイント

7章
初心者におすすめ！
「不動産投資型クラウドファンディング」の基礎知識

カバーデザイン 城 匡史
本文デザイン・DTP 安井智弘

序章

不透明な不動産投資業界で、成功するために

なぜ、不動産投資には負のイメージがあるのか？

不動産には資産価値があり、それを運用する企業によって不動産市場が形成されています。

この不動産市場は、日本では長い歴史があります。1980年代のバブル期には、不動産価格は売るときに買ったときより必ず値上がりしているという「土地神話」が生まれました。不動産投資が最も活発に行われた時期です。

土地を購入する資金として銀行から多額の融資が行われ、多くの企業や富裕層が不動産を頻繁に売買していました。しかし、93年ごろのバブル崩壊で一気に地価が下落し、多くの物件で担保価値（金融機関から融資を受けた人が、経済的事情で返済できなくなったとき、代わりに金融機関に差し出す資産の価値）が融資額を下回る担保割れの状態に陥ることになりました。その影響により、倒産する企業や自己破産する富裕層が続出したのです。

バブル崩壊後、日本経済は「失われた20年」という低迷期に突入していきますが、不動産に関しては、2006年ごろから再び上昇の兆しが見えてきました。

ここにはアメリカで開発された金融工学システムを組み込んだ「不動産証券化」が大きく絡んでいます。仕組みが複雑なため、詳しい説明は避けますが、簡潔にいえば、開発業者（デベロッパー）によるマンション開発などの土地を信託受益権（土地や建物の不動産を信託して、その不動産から得られる収益〈賃貸収入や売却益〉を受け取ることができる権利）化し、特別目的会社（SPC）という受益者がスポンサー、投資家、銀行からお金を集めて運用するというものです。

デベロッパーにとって不動産証券化のメリットは、資金調達が容易であることと、貸借対照表から物件開発のための借金（負債）を切り離せる「オフバランス」にありました。負債をバランスシート上の記載からなくすことで、自己資本比率、収益性を高めることができるというメリットがあったのです。

不動産証券化自体は悪い仕組みではありませんし、今でも開発で用いられています。しかし、問題は当時この仕組みによりマンション、オフィス、商業施設などが需要を上回って供給されていたことです。

作ることだけが目的になってしまい、外資系の不動産投資ファンドにより作られた地方の中核都市のオフィスや商業施設が、空室のまま1年近く放置されるという事態も多発しました。

この時期は、不動産ミニバブルといわれています。不動産証券化は、お金が回っているうちはいいのですが、どこかで蛇口を閉められてお金の流れが止まると、とたんに資金繰りが悪化してしまいます。

2008年9月、世界規模の金融恐慌が起こり、お金の蛇口が閉まりました。「リーマンショック」です。これは、アメリカで与信力の低い世帯にも家を融資で売っていた「サブプライムローン」が不良債権化したことがきっかけでした。

リーマンショックによって資金調達が困難となり、不動産ミニバブルは崩壊しました。再び、不動産市場は冬の時代を迎えたのです。このとき、供給過多だったマンションが安値で一括売却される「バルクセール」も発生し、多くのデベロッパーが倒産しました。

そして2013年、再び不動産市場が活発化していきます。安倍政権によるアベノミクスがきっかけです。とくに大きな影響を与えたのが、金融緩和政策でした。

金融緩和によって、大手から地方まで銀行はお金余りの状態になりました。本来はそのお金で製造業の設備投資などに融資すればいいのですが、日本の製造業は国内工場の閉鎖などもあって設備投資するにも限界があります。

また法人相手の営業になりますから、どうしても大手銀行が有利になります。

そこでお金の貸し出し先に困った中小銀行が目を付けたのが、個人の不動産投資家でした。

個人レベルの不動産投資としては、木造アパート建築が一般的でした。アパート建築会社から提案を受けた地主が自分の土地に木造アパートを建てるという、家賃収入と相続税対策を目的とした不動産投資です。

地主は自分の土地を持っていますから、かかる費用は建物の建築費用だけです。そして、**アパート建築会社が営業時に最大の武器にしていたのが、「サブリース」と呼ばれる家賃保証システム**でした。これは、アパート建築会社がオーナーから物件を一棟まるごと借り上げて入居者に転貸し、不動産経営を代行する仕組みです。

不動産経営には入居者募集、修繕、原状回復、クレーム対応など多くの業務がありますから、個人ですべてをこなすのは大変です。それを代わりに業者がやってくれるうえに、一定期間、空室時でも固定で家賃収入を保証するということで安心感を与えたのです。

それゆえ、入居需要が少ないような田舎にアパートを建てても、それなりのメリットがありました。さらに2015年の税制改正により、相続税の基礎控除額が引き下げられ課税対象者が増えると騒がれたため、全国各地で相続税対策のセミナーが開かれ、関連する金融商品が増加しました。

この分野で業績を伸ばし大手企業に成長したのが、大東建託やレオパレス21といった上場企業です。

一方で、**金融緩和と老後不安によって近年、新たな不動産購入層が生まれました。**

それが「サラリーマン投資家」と呼ばれる人たちです。

老後不安がある中、金融緩和で銀行から融資を受けやすいため、主に新築マンションの1部屋を所有する「区分所有」を中心に、資金力の低い若い人たちも投資をはじめたのです。

こうして不動産投資市場は活性化していきます。不動産投資を主業務とする企業は軒並み業績を数倍から数十倍に伸ばし、地方の中小企業から上場を果たした企業もあったほどです。アパート・マンション、新築・中古など、扱う物件の種類、種別問わず右肩上がりでした。

このように明るい兆しが見えた不動産投資市場ですが、光があれば闇もあります。この闇の部分が近年浮き彫りとなり、社会問題にまで発展しました。

その1つが「レオパレス21の施工不良問題」です。

アパートの住戸を仕切る「界壁」という壁が天井裏に設置されておらず、住宅の防耐火性能や遮音性能に関わるため重大な問題とされました。軽微なものも含めて約3万棟という規模で不備が発見され、その補修や入居者の引っ越しなど、補てん費用がかさみ、業績は赤字に転落しています。

これはレオパレス21でアパート投資をした地主のオーナーが、独自にオーナー会を作り、経営をめぐるさまざまな問題を指摘する中で発覚しました。

もう1つ、多数のサラリーマン投資家が被害を受けた「かぼちゃの馬車・スルガ銀行事件」も起こりました。

これはスマートデイズという会社が、不動産投資家に「かぼちゃの馬車」というブランドのシェアハウスを建築する話を持ちかけるところから始まります。このときにもサブリースが用いられました。

サラリーマン投資家は土地を持っていないケースが普通ですから、土地と建物をセットで販売する「ランドセット」が行われました。当然、物件価格は自分が保有する土地に木造アパートを建築するよりも高くなります。さらに、土地は減価償却できませんから、利回りや節税という面から見ても、あまりおすすめできません。

そんな物件にもかかわらず、年収1000万円以上ですでに区分マンションへの投資経験があるような、リテラシーが比較的高い人も購入してしまったのです。

不動産には「団体信用生命保険」というものがあり、物件購入者が死亡したとき、住宅融資の返済の肩代わりをしてくれて、負債を残さず物件を配偶者や子供に残せます。このうたい文句で、手を出してしまった投資家もいました。

ここで最も問題となったのが、融資関係書類の偽造です。普通なら融資がおりないような人の資本力を高く見せるために、通帳の預金残高のデータを差し替える。さらにそれをスルガ銀行という金融機関が承知したうえで積極的に融資していたという、通常ではとても考えられないことが起きました。

しかも、現地で物件を見ず、販売業者のいうがままに購入した人も多かったことから、不動産価値が相場より低い物件もあり、売却しても負債が残るようなケースも多発しました。実際に自殺したり、破産したりした人もいます。

こうした事件が立て続けに起こったことで、金融機関も融資の引き締めに入りました。最近では「申し訳ございませんが、これ以上はお貸しできません」と断られる投資家も増えていると聞きます。真っ当に不動産投資事業を行っていた投資家であっても、投資物件を買い増しすることが容易ではなくなったのです。

バブルのときもそうでしたが、**不動産投資市場というものは、熱狂して伸びているときこそとくに注意すべきです。**多額のお金が動くため、そこに強欲な人たちも集まるからです。

国土交通省のデータ（平成28年度）によれば、不動産会社は全国に12万3千社余りあるといわれています。上場している大企業から地元に密着した中小企業まで多岐にわたり、真面目な業者もたくさんありますが、怪しげな業者も少なくありません。そのため、「レオパレス21の施工不良問題」「かぼちゃの馬車・スルガ銀行事件」といった事態に運悪く遭遇することもあります。

これは建築・販売業者のモラルの欠如だったり、銀行の不適切な融資が原因だったりするので、一概に投資家自身の自己責任とまではいい切れない部分もあります。しかし、私たちにきちんとした不動産投資の知識があれば、こうした無用なトラブルを避けられた可能性は大いにあります。

投資は失敗すれば、財産を大きく棄損してしまう可能性があります。**失敗を回避するためには十分かつ適切な情報収集が必須**なのです。

とはいえ、昨今は不動産投資ブームですから、書籍、雑誌、インターネットなどの媒体でさまざまな角度からのノウハウがあふれかえっています。年収が５００万円から３０００万円に増えたという成功体験や、不動産業者が一方的に投資物件の良さを訴えるＰＲなど、実に多種多様な手口で投資家の欲をくすぐってきます。

しかし、これらの情報は発信者のバイアスがかかっていたり、内容に誤りがあったり、誇大に表現していたりするので、情報を得る段階でこちらもフィルターをかけなければなりません。

実は、本書の目的はここにあります。読者のみなさんが不動産投資の情報を得る際に、この本を事前に読んでいただくことで、**「さまざまな媒体や不動産業者が出す情報が正しいかどうか、しっかり選別できる」**ようになることを目指しました。

また先ほど、怪しげな業者も少なくないといいましたが、私たちが運営しているウェブメディア「不動産投資の教科書」では、真面目な不動産業者を独自の視点で選び抜いています。こうした活動で、業界の健全化に貢献していきたいという気持ちもあります。

この「**不動産会社の選び方**」も、本書が他のノウハウ本とは一線を画す独自性を追求している部分です。どのような物件を選べばいいのか、という話は山ほどありますが、どのような業者を選べばいいか、という話は実はとても少ないのです。

パートナー選びが、最も重要

不動産投資を成功させるためには、顧客の立場を理解した良質な不動産会社を選び、かつ優秀な営業マンを選ぶ。

これが私がみなさんに最もお伝えしたい大切な原則です。

信頼できる会社が見つかったからといって、それだけで安心してはいけません。

会社の中には、新人からベテランまで、さまざまな営業マンがいます。会社側には、新人にはなるべく簡単で扱いやすい物件を担当させ、ベテランで優秀な営業マンには高額で良質の物件を担当させる傾向があります。

これは一般投資家にはあまり知られていませんが、不動産投資を成功させるうえで知っておかなければならない重要なことです。

優秀な営業マンとは、自社の商品を強引にすすめてくるのではなく、投資家の将来を考えて「お客様にはこのような不動産が合っています」、あるいは「現在の状況で不動産投資をすべきではありません。別の金融商品のほうがいいですよ」と、ライフプランに沿って親身に相談に乗ってくれるパートナーのような存在です。

こうした人が身近にいれば、上質な情報を得られますし、物件管理も安心して任せられるので、適確な投資戦略が立てられます。これをサラリーマン投資家がすべて1人でやるのは不可能に近いと思います。

上質な情報とは、どこよりも正確かつ早い情報です。ネット上には物件情報があふれていますが、**現場の感覚を早くしっかりつかんでいるのは、やはり実際に物件を見て回っている不動産会社であり、そこにいる営業マンです。**

彼らとの付き合いを深めていけば、優良物件の情報を、表に出る前に教えてくれることがあります。優良物件の情報を得られるよう、人間関係を意識しておかなければいけません。関係が深まると、優良物件の情報が入ってくるようになるため、資産形成においてとても有利になります。

物件管理は、物件の価値を維持または高めるためにも大切です。現場をしっかり把握している営業マンなら、何かあればその都度、管理状況を教えてくれるでしょう。

また、適確な投資戦略を立てるうえで重要なのが、銀行の融資です。不動産投資は他人資本でできることが大きなメリットだというのは先述しましたが、融資には銀行の担当者との交渉が必要です。

しかし、サラリーマンでそのような経験がある人は少ないでしょう。顧客の立場に立った不動産会社なら、融資条件が少しでも良くなるように、また審査が通りやすくなるように戦略を立ててくれます。資産形成のためには、幅広い業務に対応できる不動産会社、営業マンを自分の目で選びましょう。

次章では、実際の不動産投資のはじめ方についてお話しする前に、まず初心者の方によくある誤解を解いておきましょう。

1章

初心者に多い
不動産投資7つの誤解

不動産投資の**誤解①**

不動産投資はお金持ちでないとできない？

私の周囲に「不動産投資は年収が高くて、多くの貯金がないとできないもの」と考えている友人がいました。たしかに、平均以上に給与が高くて預金もたくさんあれば、それに越したことはありません。

また「自分で物件を探すとなるとそれなりに時間も手間もかかるし、そもそも優良物件が提案されることはない」と考えている人も多くいます。

物件を複数所有しプロ投資家を目指す場合、初めて購入するときよりも、金融機関が要求する年収や金融資産のハードルはだんだん高くなっていきます。ただし、**初めて購入するときは、年収500万円でも融資してくれる金融機関はたくさんあります。**

実際に、私の知人の投資家でも、初めて購入する決め手となった理由の1つとして

「不動産投資は年収が何千万円もある会社経営者よりも、安定した給与収入がある会社員や公務員のほうが金融機関から融資を受けやすかったから」と話していました。

上場企業や公務員で、勤続年数が長く、毎月安定した収入がある人は、「属性が良い人」に分類されます。若手会社員でも物件を購入して不動産投資家になれるのです。

不動産サイト「ノムコム・プロ」を運営する、野村不動産アーバンネット（現 野村不動産ソリューションズ）がまとめた「2018年度不動産投資に関する意識調査」では、投資用不動産保有者のプロフィールに「購入者のうち会社員が46％だった」との記載があります。富裕層だけが投資しているという世間一般のイメージとは異なり、**約半数の投資家が会社員**なのです。

ただ少し前まで「年収300万円でも不動産投資できる！」といったうたい文句で投資家を募っている不動産業者もいましたが、私は、**サラリーマン投資家なら投資できる年収の目安は「500万円以上」**だと考えています。これくらいあれば、多少のリスクを負ってもリカバリーできるからです。投資はあくまで最低限の生活費を確保したうえで、行うべきだと思います。

不動産投資の誤解②

投資物件は現金で購入したほうがいい？

物件を購入するには2通りの方法があります。

1つは、お金を貯めて現金で一括購入する方法です。これは借り入れをしないので、翌月からまるまる家賃収入を得られますから、安定した収益を期待できます。

もう1つは、購入資金の一部を金融機関から借り入れをして運用していく方法です。金融機関が物件を担保として購入資金を貸してくれます。

通常、私たちが銀行に「株式を購入したいのでお金を貸してください」と依頼しても、まず断られるでしょう。これは株式以外の金融商品でも同様です。銀行は万が一、不測の事態が起これば不良債権を抱えることになるからです。

そのため、あらかじめ銀行側は自分たちが損失を被ることだけは回避したいと考えます。それゆえ、不確実な金融商品の購入資金への融資は行いません。

一方、**銀行は不動産に関しては融資してくれます。なぜなら株式などの金融商品とは違い、現物不動産は長期的な運用に適していますし、担保価値があるからです。**

最近でこそ、不動産投資をめぐる問題が頻発して融資が引き締められていますが、担保評価の高い物件に関しては、金融機関は相変わらず積極的に融資してくれます。

融資を受けられれば「時間を味方にする」、つまり資産形成に要する時間を短縮することが可能です。物件購入時の借入金額は、毎月の家賃収入から返済していきます。返済金額に占める支払利息部分は毎月減少し、その分、元本返済部分が毎月増加していきます。これを「元利均等返済」といいます。

なるべく借り入れをしたくないという人もいます。しかし通常、不動産はよほど築年数が古くない限り１０００万円以上、物件によっては数千万円します。ですから、フルローンとまではいかないまでも、ある程度の頭金を入れて、残りは適切な融資を受けて物件を増やしていったほうが、入居者からの家賃収入で元本と利息を返済できますから、全額自己資金よりも比較的短期間で資産形成ができるのです。

不動産投資の誤解③

投資物件は短期間で売却をしたほうがいい？

投資家の中には、購入した物件をいち早く売却してキャピタルゲインを狙いたいという人もいるでしょう。長く不動産投資をしていると、一時的に景気が良くなり、物件価格が上昇する局面もたしかにあります。

しかし、**物件を短期間で売却するのを前提に不動産投資をするのであれば、最初から株式など他のキャピタルゲインを獲得できる投資をしたほうが効率的です。**不動産投資は毎月の家賃収入から元金を返済していきます。そのため、エリアや物件自体の選定さえ間違えなければ、家賃が下落するスピードよりも、元金を返済して純資産が増えるスピードのほうが早いのです。

仮に3000万円で購入した物件が500万円値上がりしたとしても、やはり短期間での売却はおすすめできません。不動産は所有期間により、売却の際に生じる譲渡益に課税される税金の額が異なるからです。簡単にいえば、売却する年の1月1日時点で所有期間が5年以下なのか、5年を超えるのかによって、課される税金が約2倍変わってきます。これは国税庁の「土地や建物の譲渡所得に対する税金」の項目で決まっています。

こうした譲渡所得にかかる税の問題もありますが、不動産投資は長期的な視点でインカムゲイン（家賃収入）を獲得していくのが本質です。物件価格の高騰や元金部分の返済により、含み益が出ていれば、売りたくなるのもわからなくはありません。しかし、私は**「少なくとも10年程度では売らないほうがいい」**と考えています。

もちろん将来、本格的に売却を検討する必要に迫られることもあるでしょう。しかし、不動産投資ほど安定した収入が得られる投資対象はなかなかありません。

出口戦略にこれだという正解はありませんが、目先の売却益につられてせっかく保有している物件を手放してしまったら、「金の卵を産むニワトリ」をみすみす逃してしまうようなものです。

不動産投資の誤解④

表面利回りが高い物件を購入したほうがいい？

表面利回りとは、物件の年間家賃収入の総額を物件購入価格で割り出した利率です（表面利回り＝年間家賃収入÷物件購入価格×１００）。この表面利回りから、管理費や固定資産税など物件の運営にかかる経費を控除し、購入時の諸経費を加味して算出するのが「実質利回り」です（次ページの図表①を参照）。

ここで表面利回りについて見てみましょう。表面利回りは一見とてもわかりやすい指標なのですが、物件が新築か中古か、区分所有か一棟物件か、東京都内か地方や郊外かなど、諸条件によって変わってきます。

一般的には、中古物件よりも新築物件のほうが、区分所有よりも一棟物件のほうが、

図表①　表面利回りと実質利回りの比較

表面利回り

$$\text{表面利回り} = \frac{\text{年間家賃収入}}{\text{物件購入価格}} \times 100$$

・物件の収益性を大まかに把握できるもの
・経営にかかる税金などのランニングコストは一切含まれていないため、あくまで目安・予想

実質利回り

$$\text{実質利回り} = \frac{\text{年間家賃収入} - \text{年間必要経費}}{\text{物件購入価格} + \text{購入時の諸経費}} \times 100$$

・実際に得た家賃収入から、さまざまな経費を差し引いて計算するもの
・表面利回りよりも具体的な数字を表すことができる

地方郊外よりも東京都内の物件のほうが物件購入価格が高くなる傾向にあるので表面利回りは低くなります。

「楽待」や「健美家」といった不動産サイトに掲載されている物件は、表面利回りで評価され、投資家も高い表面利回りの物件を好む傾向があります。ベテラン投資家同士の会話の中でも、絶対的な指標として認識されています。

私も今まで多くの物件を見てきましたが、そこに落とし穴があると考えています。

収益性を評価するにあたり、表面利回りはたしかに一見公平でわかりやすい指標ですが、あくまでもその時点での評価に過ぎません。不動産を購入して何年か（場合によっては何カ月か）経過すると、家賃の下落や空室、さらには家賃の滞納などが発生することがあります。

経年劣化すれば家賃はほぼ下がりますし、部屋の退去が発生すれば次の入居者が決まるまで空室なので家賃収入がなくなります。表面利回りだけで評価するということは、こうした運営期間中の収益性に影響を与える諸要因を一切考慮していないということになります。

ここで厄介なのが、入居者がついていない空室物件を紹介されたときの「満室時想定利回り」です。とくに、人気の高い駅近くに所在する物件が販売時に空室だった場合、満室時の想定利回りで計算している家賃がその駅周辺の類似物件の家賃と乖離があると、購入したあとに苦労することになります。

つまり、**不動産購入時に表示されている利回りというのは、現在の不動産価値を瞬間的に切り取っただけの目安でしかない**ということです。物件情報にある利回りの数字は、状況によって刻一刻と変化しており、上にも下にも振れます。正しい認識や情報の把握をせずに、**「甘い見通し」で不動産投資をすれば、失敗するリスクを高めてしまいます。**

初心者のときは、不動産会社からさまざまな資料を提示されると「そんなものなのかな」と思ってしまいがちですが、必ず販売側に家賃設定などの根拠を確認するようにしましょう。

また、新築時に設定した家賃のまま、中古物件として紹介された場合、たとえ入居者がいたとしても注意が必要です。長く住んでいた入居者が退去してしまえば、１万円以上も家賃を下げないと次の入居者が決まらないケースもあるからです。

地方郊外のアパートでは、仮にこうした部屋が数室あると、表面利回りはとたんに「絵に描いた餅」となります。このように、**購入時点での収益性を示す表面利回りだけで物件を選定せず、その物件の実質的な価値を見極めることがとても重要です。**

不動産投資の誤解⑤

自分が住みたいと思う物件には、ニーズがある？

投資を考えている物件の立地に、どのような特徴があり、将来的に街や地域としてどの程度の成長性があるのか。それらを詳しく確かめずに投資すれば、失敗のリスクは高まってしまいます。

そうならないためにも、立地とエリア環境は必ず確認しましょう。

具体的には、今後人口が増えるエリアなのか。大きな再開発が予想されるのか。大学などの教育機関が移転する予定があるのか。競合物件の建築予定はあるのか。現地から最寄駅まで、また繁華街のエリアまで徒歩で何分かかるのか。大雨で浸水が予想されるエリアか。木造住宅の密集地で、火災による延焼の可能性はないのか。

不動産の価値を左右する要因は他にもたくさんあります。こうしたことを多岐にわたり事前調査することが大切です。**立地について良いことしか伝えないような不動産会社を絶対に信じてはいけません。**

例えば、首都圏の場合、電車の路線はＪＲ、小田急、東急、西武、地下鉄などたくさんあります。どの沿線なのか、どの駅の近くかによって賃貸需要は大きく異なります。大学が近くにあれば大学生が住みますし、ビジネス街ならビジネスマンが住みます。また、都心から少し離れた立地の場合、急行電車が停車する駅かどうかでも需要は異なるのです。

いずれにせよ、賃貸需要がなければ家賃は下落する一方になりますから、収入が減ります。家賃収入を維持または上昇させられるか、ここが一番の肝です。

初めて不動産投資をする人は、今まで慣れ親しんだ土地や住んだことのある場所、もしくは憧れの街の物件に投資する傾向があります。しかし、**「自分が住みたい街」と「投資に向いている街」はまったく違う**のです。

具体的にいうと、目黒区自由が丘、大田区田園調布、世田谷区成城などブランドイメージが高い街は、一般に考えられている以上に賃貸需要が少ないケースもあります。

一方、一般的にはあまり知られていない賃貸需要が高い地域には、千代田区岩本町、豊島区要町、江東区清澄白河、文京区関口、練馬区小竹町、練馬区旭丘、板橋区成増、北区赤羽などが挙げられます。

このように一般的には知名度はそこまで高くないけれど、賃貸需要が高いエリアは数多くあります。場所で迷ったら、現状を把握している不動産会社と相談しながら、選ぶことをおすすめします。

さて、コロナ禍で、私たちの生活は大きな打撃を受けました。以前は、ある程度賃貸需要が高かった地域でも、コロナ禍では一様に家賃の滞納や解約の数が増加したのです。コロナ禍に対応するべく、大企業をはじめ多くの企業でテレワークが普及しました。あまり競争力がない地域でも、リフォームをする際、間仕切りなどで新たにテレワークができるスペースを設置した物件は早期に賃貸が決まるなどの動きも見られました。リモートワークでは、必然的に在宅時間が長くなるため、法人の福利厚生の一環として、より住みやすい居室が選定された傾向が見受けられます。

不動産投資の誤解⑥

不労所得なので、簡単に収入を得られる？

不動産投資で見通しが甘い人の例として、「投資をすれば何もしなくても自動的に副収入を手に入れることができ、豊かな老後を迎えられる」と考えてしまうことが挙げられます。

これは、インカムゲインを「不労所得」と置き換えることで起こる勘違いです。たしかにそういった一面もあるのですが、不動産投資はあくまで経営です。

アメリカの投資家ロバート・キヨサキ氏の著書『金持ち父さん　貧乏父さん』シリーズを読んだり、他の投資家による不動産投資の成功談を聞くうちに、自分も同じようにできるだろうと思いこんでしまう方も多いようです。

不動産投資市場には投資物件がたくさん出回っており、海千山千の不動産のプロが

それを狙ってひしめいています。ですから不動産投資は簡単ではありません。

正しい知識を得たり、正確な調査を行わず、投資のリターンだけに注目してしまうと大きな罠にはまってしまいます。不動産投資をはじめる前に自分の見通しに甘さがないか確認しましょう。

失敗事例としてよく耳にするのは、不動産投資の営業電話で買ってしまったケースです。電話口で業者がささやく言葉が「会社員であれば給料から天引きされた所得税を取り戻せる」というものです。これは理屈としてはある意味正しく、不動産投資で赤字が出た分だけ支払った所得税が戻ってきますが、投資として見た場合、赤字になっている時点で完全な失敗なのです。

不動産投資で大切なのは、家賃収入から経費や利息などの支出を除いた手元に残るお金、いわゆるキャッシュフローです。

不動産投資では必ずキャッシュフローシミュレーションを作るのですが、電話営業で紹介される物件の中には、家賃収入が20年間ずっと同じで、1年間のキャッシュフローが2万円しかないといったシミュレーションを作る事例も見られます。これだと

10年目に大規模修繕工事で大きな支出があったり、11年目に家賃が下がったりすれば、一気にキャッシュフローがマイナスになる可能性があります。

キャッシュフローがマイナスということは、収入より手出しが多いということですから、投資としては失敗なわけです。このような物件を平気で紹介してくるような業者もいるのが現実です。シミュレーションの数字や節税といった甘言に惑わされてはいけません。ただし、投資家が組む融資条件（金利や融資期間など）、物件価格や拠出する自己資金の金額次第では、毎月のキャッシュフローが赤字になるケースは当然あります。キャッシュフローが赤字だからといって、不動産会社や提案された物件が必ずしも悪いわけではないということです。

不動産投資の誤解⑦

不動産投資は単なる金融商品の1つ？

不動産を株式などと同様に金融商品の1つと見る人もいます。

そもそも、不動産「投資」といういい方が誤解を与えがちですが、**不動産投資はあくまで「不動産経営」というビジネスです。**

一般的に、金融商品は購入後、その購入者が商品価値を高めることはほとんどできません。なぜなら、市場によって価値が評価されるからです。

しかし、不動産投資に関しては、経営者の視点を持つことで不動産「経営」ができます。企業経営と同様に、自身が経営努力することで付加価値を高め、ひいては資産価値を高めることができるのです。

オーナーとして経営を行うことは、企業経営ほど難しくはありません。

例えば、退去した物件の入居者を早く決めるために賃貸仲介会社と協力したり、専有部分（部屋）の賃貸管理会社を見直したり、リフォームやリノベーションを検討したりと、物件の資産価値を高めるための工夫はいくらでもあります。

不動産投資でうまくいっている投資家のほぼすべてが、この「経営」の視点を持ってさまざまな努力と工夫をしています。優良物件を購入できた場合は、経営努力をしなくてもうまくいくことがあります。しかし、優良物件を毎回購入できるかといえば、それは運に左右される部分も大きくなります。

物件購入時のエリア選定や管理会社の選定などはもちろん大事ですが、購入後にオーナーとして経営者の視点を持ち、しっかり運営にあたれば、長期的に成功する確率が飛躍的に高まるでしょう。また長期的な経営を目指すことで、パートナーとの連携の重要性など新たな気付きが生まれ、不動産投資の面白さに目覚める人も多いようです。

Q 興味はありますが、営業マンにだまされないか不安です

A

不動産会社の営業マンは日々、顧客（ターゲット）を探しています。そのために見込み顧客データを集めて、積極的にアプローチしているのです。

例えば、異業種交流会などで名刺交換をする機会があると思います。中には不動産会社主催のイベントもあるでしょう。こうした場でデータが集められて、登録された情報がデータベースとして蓄積されてリスト化されます。

かつては、大型ターミナル駅や大規模イベント会場の出入り口付近の路上で、不動産会社の営業マンがアンケートと称して名刺交換を求めることが多くありました。コロナ禍では、そのような光景もあまり見られなくなりましたが、これも顧客探しの手

段の1つです。とくに、東京駅や新宿駅、品川駅周辺は大企業が多く集中しているため、春先に若い営業マンから頻繁に名刺交換を求められるスポットが多数ありました。あらゆる手を尽くして作成されたリストを駆使して、不動産会社の営業マンが電話をかけてきます。対象となるのは、上場会社の社員を中心に、公務員、医師、看護師などが多い傾向にあります。

なぜかというと、銀行からの融資で「信用力が高く融資を受けやすい属性」だからです。

では、不動産会社の営業トークにだまされないようにするには、どうすればいいか。面談における重要なポイントを紹介していきます。

まず「不動産投資」について知る主なきっかけは、おそらく次の2つでしょう。

①不動産会社から電話がかかってきた
②友人・知人から不動産投資をすすめられた

不動産会社からの初期段階のアプローチとしては、

電話でのアプローチや友人・知人からの紹介

↓

営業マンとの面談

↓

物件提示

という流れになります。これを念頭に、不動産会社の営業トークにだまされないポイントを整理してみましょう。

まず電話ではどう応対をすればいいでしょうか。

相手の話が信用できるかどうか見極めるために、いきなり物件紹介から入るかどうか様子をうかがってみましょう。**優秀な営業マンなら、すぐに物件の提示はしません。**

「将来の年金が不安ではないですか」「今どのような投資をしていますか」など、一般

的な話から入ります。デキの悪い営業マンほど「○○不動産の者ですが、不動産投資をやりませんか」といきなり投資話を持ちかけてきます。

電話で不動産投資をすすめてくる会社は、みなさんが知っているような有名ハウスメーカーから中小不動産会社まで玉石混淆《こんこう》です。話の内容や営業トークに魅力があるなら、聞いてみてもいいでしょう。例えば、不動産や投資の話ばかりする営業マンよりも、経済全体の話や日常生活の話など、話題が豊富であればそれは社会に目を向けている証拠です。

もう1つ、営業マンとしての熟練度がどのくらいか、不動産投資にどこまで詳しいかは、本書を読んだうえで会話してみるとおおよそ見当が付くでしょう。会社の名前(ブランド)も判断材料にはなりますが、むしろ**優秀な営業マンの持つ不動産の知識や話し方のほうが大事です。**

これはどの業界でも同じで、顧客第一で接客しているか、話の内容に誠実さが見られるかが、相手を信頼できるか見分けるポイントです。人生100年時代における、あなたの将来設計をきちんと考えているかどうか、確かめましょう。

そのうえで不動産投資の細かい内容に詳しいか、チェックしてみるといいでしょう。

面談早々に「このような物件があります」「今すぐ決断しないと買えなくなりますよ」などとすすめてくるような営業マンは要注意です。

優秀な営業マンなら、会話が進み物件を提示してきたとしても、即時購入は強要しないはずです。なぜなら、顧客の将来を考え、その人のライフプランに合った提案をするはずですし、本当に顧客が納得してくれるように努力をするからです。

顧客の将来設計や投資の目的をきちんと聞き、ライフプランナーとして寄り添ってくれる。これが優秀な営業マンの証です。そういう担当者がいる会社こそが、良心的といえるでしょう。

さらに、その営業マン自身が不動産投資をしていれば、なお信頼度は高まります。営業マンもサラリーマンですから、不動産会社にいても自分で不動産投資をする余力がない人もたくさんいます。実際に投資をしていれば、メリットもデメリットも熟知しているため、顧客に対してより詳しく説明できます。

担当者として自社物件を自分で購入・運用している実績があれば、それに越したことはありません。さらに競合他社の物件も保有・運用していれば、より多角的な視点で実態を把握している可能性が高く、提案内容に説得力を感じるはずです。

Q 投資額が大きいので、どうしても躊躇《ちゅうちょ》してしまいます

A

たしかに不動産は高い買い物です。マイホームなら3000〜5000万円くらいはかかりますから、一生の買い物ともいわれています。

ただし、投資用物件がマイホームと違うのは「収益を産み出せる」という点です。当然、儲かる人、儲からない人の差は出てきますが、何よりも**「収益性（利回り）の低い物件には手を出さない」ことが肝要です。**

収益性が高いとは、つまり「キャッシュフローが良い」ということです。家賃収入から諸経費を引いた手元のお金が黒字になる物件を選びましょう。「赤字でも節税で

きるから大丈夫」という甘言は無視してください。そういう会社が扱う物件は収益性が低いからです。

収益性が低くなる原因は、高額な物件価格もさることながら、「入居者が入らない＝客付けできない」のが原因です。立地が悪い、建物設備が古いなど理由はさまざまですが、表面的な情報では高利回りだったとしても、客付けが難しく空室が多い物件として市場に出されているものもあります。ここはだまされないように気を付けましょう。

Q 家族に反対されそうですが、説得する方法はありますか？

A

「不動産投資をはじめたいけど、奥さん（もしくはご主人）が反対しているから困っている」という人の話をよく聞きます。内緒で投資をする人も少なからずいますが、

家族の同意なくして不動産投資をするのはおすすめできません。なぜなら、不動産投資は高額商品で家族全員の生活に関わるからです。基本的にはご主人と奥さんの2人が協力したほうがいいと思います。配偶者が納得したうえで投資をしましょう。

ここでは、ご主人が投資をする例として考えてみましょう。奥さんと話してみると、「不動産投資って本当に大丈夫？　だまされていない？」とか「先に投資物件を買ったら、私たちのマイホームが買えなくなるじゃない」などといわれるそうです。実は奥さんが不動産投資を誤解していて、反対しているケースが多いのです。

不動産投資を理解してもらうために、手っ取り早いのは、本書を一読してもらうことです。そして、実際に不動産投資をしている優秀な営業マンを、奥さんと会わせてみるのもいいでしょう。

不動産投資の深い経験と知識を持つ優秀な営業マンの話を直接聞けば、奥さんもある程度は理解してくれるはずです。不動産投資のメリットを実体験として語れる営業マンなら、なおいいでしょう。

優秀な営業マンの中には、自分の確定申告書を見せてくれる人もいます。それを見

れば、不動産投資でのお金の出入りがよくわかります。

金融市場などマクロ経済にも造詣が深く、不動産投資市場の現状についてきちんと説明してくれます。加えてミクロな部分、例えばマイホーム計画といったあなたの将来のライフプランを確認したうえで、不動産投資をどう進めればいいか適切にアドバイスしてくれます。そのとき奥さんに同席してもらえば、不動産投資を検討している理由を理解してくれるでしょう。

2章

成功させる！
不動産投資の考え方

まず、不動産投資の特徴を理解しよう

なぜ不動産投資が選ばれるのか。ここまで読まれた読者の方なら、その理由はだいたいおわかりいただけたかと思いますが、ここであらためてその理由を整理しておきましょう。

株式やＦＸなどの金融商品では、会社の業績、市場の需給状況、為替変動などによってその価値が左右されます。つまり**投資家１人の力ではどうしようもない、マクロ経済の論理で価格が動いています。**

最近では、太陽光発電などの再生可能エネルギーの投資も増えました。しかし、これは国が固定価格買取制度（ＦＩＴ）というものを定め、発電した電気を固定価格で一定期間、電気事業者が買い取ることを決めた、国策による市場創出でした。国が保証しているから信頼度は抜群なのですが、電気事業関連の法律などを理解する必要があり、サラリーマン投資家がはじめる投資としてはハードルが高かったと思います。

それに比べて、不動産投資も勉強することはあるものの、専門家の力を借りられる部分も多いため、ハードルはそこまで高くありません。

また、**不動産は収益性を左右する要因に対して、投資家個人でも対処できるものが多々ある点も、他の金融商品と違う点です。**部屋が汚れた場合は、清掃すれば価値を維持できますし、設備が古くなればリフォームすることで、むしろ価値を向上させることもできます。

他の金融商品とは異なり、購入資金の全額を自己資金ではなく、金融機関からの借り入れによってまかなえるのも大きなメリットです。自己資金500万円で5000万円の物件が買える。これを**「レバレッジ効果」**といいます。このような金融商品は、他に見当たりません。

節税目的の不動産投資はあまりおすすめしませんが、不動産には「減価償却」とい

図表② レバレッジ効果

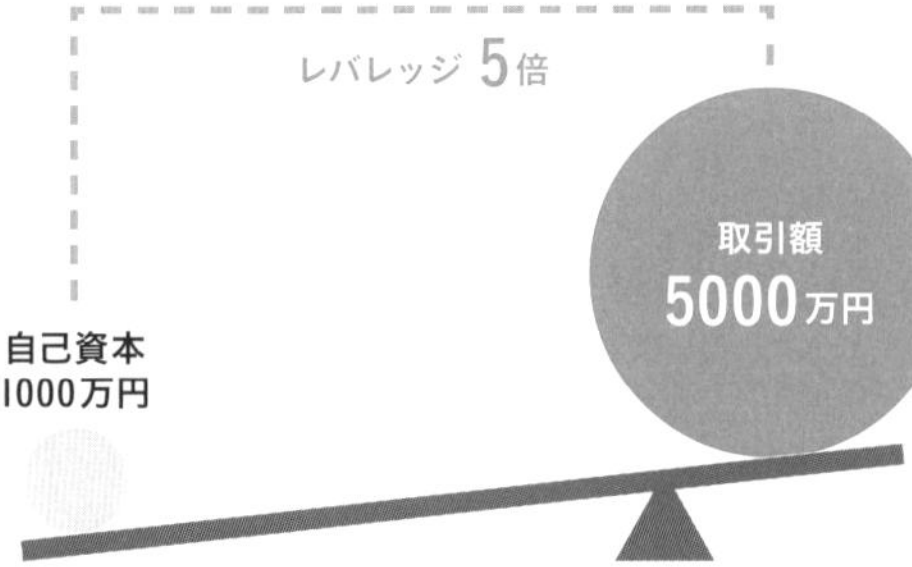

うものがあります。会計的にいえば、「時間の経過や使用により価値が減少する固定資産を取得したとき、取得するための支払額をその耐用年数に応じて費用計上する」ことです。

確定申告の際、不動産は事業収入になり、それに対する費用を経費として計上できます。不動産は金額が大きいため、減価償却で計上される費用もそれなりに大きくなります。

サラリーマン（給与所得者）が副業（ここではマンション経営）でかかった費用を給与所得から控除できる「損益通算」というかたちで計算できるため、経費がかかった分の税金が節約されます。

これも他の金融商品にはないメリットといえるでしょう。

インカムゲインとキャピタルゲインを把握する

不動産の収入には、インカムゲイン（毎月の家賃収入）とキャピタルゲイン（購入時価格と売却時価格の差の利益）があることは、すでに述べました。

インカムゲインは入居者から得られる収入です。空室の期間が長ければ、その分の収入が減ります。そのため不動産は立地が大事だというのは、みなさんもご理解いただいていることでしょう。

ただ、実際に手元に入ってくるお金は家賃だけでは決まりません。管理費・修繕積立金、管理会社への手数料などが引かれます。他に税金なども払いますから、大規模修繕工事などに備えてお金はある程度、貯めておかなければなりません。

とはいえ、毎日のように気にしなくてもいいので、その点では**労せずして安定収入**

図表③　インカムゲインとキャピタルゲイン

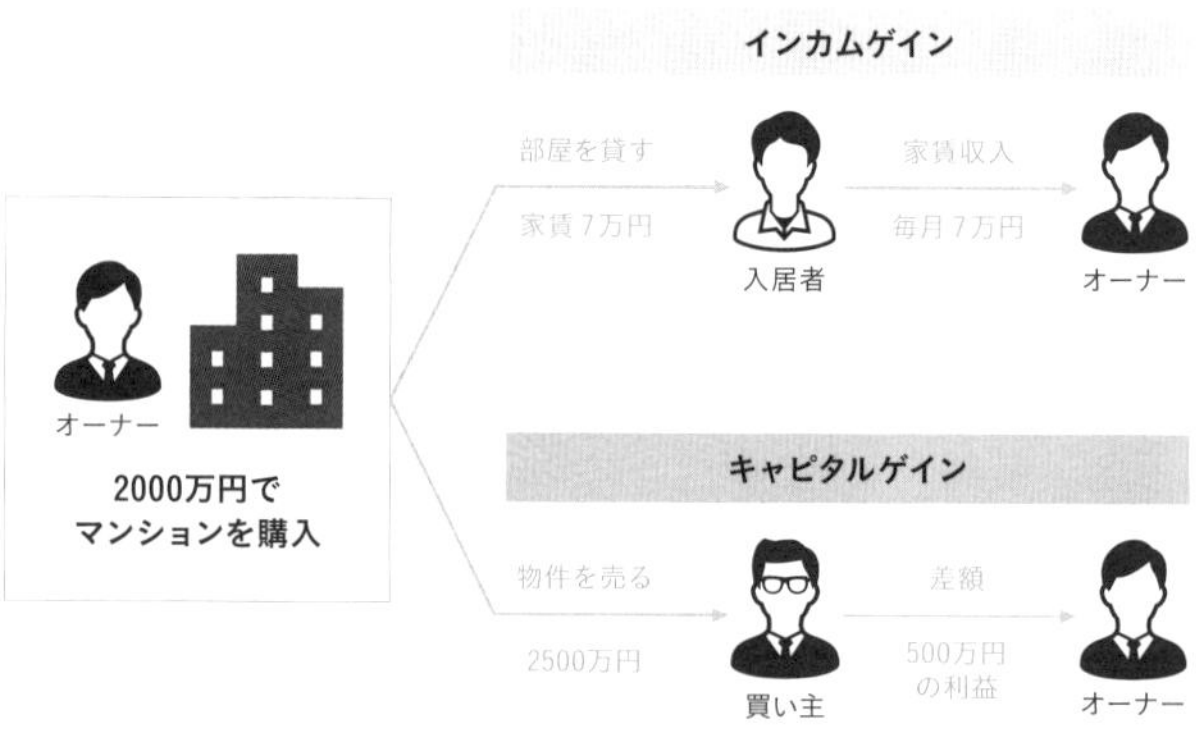

を得られるのがインカムゲインの特徴です。

一方でキャピタルゲインは、そのときの相場に左右されます。アベノミクス以降は金融緩和政策などの影響で不動産価格が急激に上昇し、そのような状況では売却によってキャピタルゲインを得るケースも急増しました。

キャピタルゲインを狙うには、リーマンショックなど経済が冷え込んだときにこそ物件を買うという、思い切った器量と資金力が必要です。プロではないサラリーマン投資家にはそれは難しいと思うので、**あくまでキャピタルゲインが得られれば幸運くらいに考えておきましょう。**

不動産投資に成功する人の考え方――①

長期スパンで考えている

成功する人には共通点があります。**不動産投資はビジネスであると考え、損得勘定や経費の考え方、売却時のこと、税金のことまで、お金にまつわる将来像をしっかり描いていることです。**

そのため、不動産投資で成功している職業に多いのが、会社経営者、個人事業主です。これは当然ともいえますが、果たして他にはどのような共通点があるのでしょうか。

成功者はマクロな経済指標（日経平均株価や為替レート、ＧＤＰ（国内総生産）、日銀短観など）をよく見ているため、「自分がほしいときが買いどき」という判断はしていません。本書でもリーマンショックの話などをしましたが、そうした不動産相場に影響を及ぼしそうな出来事をリアルタイムにつかんでおく必要があります。

投資マーケットの時期が悪ければ、自分がどんなに買いたいときでもグッと我慢して、5年でも10年でも待てる。それが成功への第一歩です。投資マーケットの時期の判断基準を知る方法の1つとして、検索サイト「健美家（https://www.kenbiya.com）」が四半期に1度配信している「収益物件市場動向四半期レポート」や投資家が回答したアンケート結果をまとめた「不動産投資に関する意識調査」レポートなどをチェックするのも手でしょう。

そのうえで、物件に対して具体的な思考ができる、例えば立地1つとってみても「10％程度の価格差で、3分駅に近づくことができれば、その物件は買いだ」といった数字の認識を持てる人が成功しています。

成功する投資家は、5～10年の中期スパンで考えています。

利回りや節税といった、目の前の短期的なメリットだけを求めると、長い目で見たときにトータルで失敗してしまう可能性があります。

表面利回りが高くても、5年後、購入価格の70％でしか売れないとすれば、経費や税金、融資の返済、空室率などを加味すると損をしているといえます。

たとえ**利回りが低くても、物件価値を維持または上昇させるような投資を継続することが大切**です。

不動産投資で成功するのは、経済に関心が高く、ビジネスとして長期で損得を考えられる人です。不動産のプロがひしめく不動産投資市場ですので、**短期売買（キャピタルゲイン）で利益を出すのは難易度が高い。ですから、中長期の家賃収入（インカムゲイン）で堅実に利益を出していったほうが、投資としては成功に近づけます。**

不動産投資が成功すれば、安定収入源（フロー）と資産（ストック）を同時に形成できます。これができれば、年収も比較的簡単に上げることができます。

例えば、年収500万円の人が1000万円にしたいと思っても、サラリーマンだと本業でいきなり2倍にするのは至難の業です。不動産投資で物件を増やすほうが、年収500万円アップはまだ現実的です。無事達成して合算すれば年収1000万円になりますから、一定の成功を収めたといっていいでしょう。

いずれにせよ、不動産を焦って購入し、時間がないことを理由に人任せにしては成功することはできません。投資物件で黒字を出し、中長期的に利益を得る。これが不動産投資の成功の基本です。不動産投資で成功して勝ち残っていくためには、不動産仲介会社やデベロッパーの説明を十分に理解し、自分で物件を見て、建物の管理は自分でやるくらいの気概が必要です。正しく取り組めば利益を出せますが、楽には儲からない。これだけは肝に銘じておきましょう。

不動産投資に成功する人の考え方――②

経営視点を持っている

不動産投資は、株式や投資信託と異なり投資を超えた奥の深さがあります。地元の地主が管理会社任せで片手間にやるような「大家さん業」ではなく、事業経営そのものだということです。

例えば、区分マンションに投資するとしましょう。購入するとき、金融機関から「融資を引き出す」という交渉からスタートします。**いかに融資を引き出せるか。そのためには「事業計画」の中身が問われます。**

まずは、キャッシュフローシミュレーションが大事です。不動産投資なら「収入」として家賃収入があり、「支出」として支払い利息、減価償却、保守・管理費、租税公課などの項目があります。収入から支出を引いたものが「不動産所得」となり、そこから借入返済元金や保険料などを支払った残りの手元現金が「キャッシュフロー」になります。

会計の知識も必要になるので、投資の前に簿記の基礎知識はなるべく学んでおいたほうがいいと思います。とくにサラリーマンだと、給料から社会保険料などを天引きしたり、生命保険料を控除したりする作業は会社がやってくれますので、マイホームの住宅ローン控除などでない限り、自分で確定申告したことがない人も多いでしょう。

事業計画は多くの場合、不動産会社がまとめてくれますが、本来は自分で考えるべきです。融資を受けて、そのお金を元手に資産を大きくしていく。これはまさに事業そのものですから、不動産投資家は経営者としての視点を持たなければなりません。

家賃の回収、空室時の募集、設備の修繕など、基本的な日々の業務は管理会社などが代行してくれますが、建物全体の修繕・管理の計画は、経営者である投資家が主導していくものです。

例えば、設備業者からエアコン修理の見積もりがきたとします。「10万円？　なんでこんなに高いの？」というやりとりを、オーナーと設備業者が1カ月間もしていれば、入居者はその間、エアコンがつかない部屋での生活を強いられます。そんなスピード感の欠如した対応では、入居者があっという間に離れてしまいます。

これは一例にすぎませんが、**不動産オーナーになるということは経営者としての力量が常に問われている**ということなのです。

サラリーマン投資家の中には、目的があいまいなまま、とにかく「儲かりそうだから」「不動産がほしいから」といった理由ではじめるケースがあとを絶ちません。それは事業とはいえません。「リタイア後にサラリーマンのときと同程度の収入を得たい」のか、「毎月3～5万円のお小遣いがほしい」のか、「将来の個人年金にしたいのか」、といった目的やビジョンを明確にして、不動産投資をはじめるべきです。

そうしないと、自分の意図とは違う状況になるリスクが高まります。せっかく物件を買ったのに、毎月多額の融資の返済に追われるだけの日々を送らないためにも、しっかり覚えておきましょう。

不動産投資に成功する人の考え方――③

利回りよりも稼働率を重視する

不動産投資の物件を検討するときの重要なポイントは、その物件が生み出す利益「利回り」（表面利回り）と、空室を発生させない「稼働率」です。

利回りは、「年間家賃収入÷物件購入価格×100」で計算します。

例えば、区分マンション1室の購入価格が2000万円、毎月の家賃収入が10万円だったとします。年間家賃収入は10万円×12＝120万円。そのため120÷2000×100＝6で、利回りは6％ということになります。

同じマンションで毎月の家賃を15万円にすれば、年間家賃収入は180万円になり、利回りは9％まで上がります。

ここに**「利回りの落とし穴」**があります。

大手物件紹介サイトでは、利回りが「15％」「20％」といった魅力的な数字が並んでいます。実際に、そのような物件を買いたいと思う初心者は多いはずです。

しかし、少し立ち止まって考えてみましょう。はたして、本当にそんな高利回りになりうるのでしょうか。

同じ物件でも、設定する家賃によって利回りは変わりますし、10万円よりも15万円で入居者が見つかれば、それがベストです。しかし、それで本当に入居者が見つかるのでしょうか。

当たり前ですが、家賃を月10万円支払える人よりも、15万円支払える人のほうが人数は少ないでしょう。つまり、むやみに家賃を上げれば、住む可能性のある人が減るのです。

大切なのは立地、それから部屋の広さも含む設備などを踏まえた「相場」です。

利回りを見るとき、まず家賃設定が相場通りかを確認しましょう。相場は賃貸物件の検索サイトでだいたい判断できます。

相場より高い家賃設定なら、稼働率は下がります。仮に相場家賃が10万円なのに15

万円にしていたら、入居者はいないでしょう。そうすると利回りは９％どころかゼロになります。

大手物件紹介サイトに掲載されている高い利回りの物件は、こうした背景があります。ですから、利回りだけで物件の優劣を判断してはいけません。

むしろ、**利回りより大事なのは稼働率です。**一定期間内でどのくらいの間、その部屋が借りられていたか。すなわち家賃収入がある状態だったかを示す数字です。1年間を通して空室期間がなく、毎月確実に家賃収入があったとすれば、その1年間の稼働率は１００％ということになります。

したがって、稼働率１００％が見込まれることを前提に、利回りが高ければ、それは優良な物件といえます。そして**稼働率の決め手は、相場と同じで、立地と設備です。**

なお、年間稼働率が95％以上の物件は、一般的に優秀だといわれています。

不動産投資に成功する人の考え方――④

リスクを正しく把握している

どのような投資にもリスクはともないます。これは不動産投資も例外ではありません。

不動産投資のリスクには「空室リスク」「家賃滞納リスク」「火災・震災リスク」「金利上昇リスク」「老朽化による価値下落リスク」「修繕リスク」「販売会社や管理会社の倒産リスク」など、さまざまなものがあります。

これらのリスクを回避する方法はたくさんあります。火災・震災リスクなら「保険金を受け取れる保険に加入する」という方法がありますし、金利上昇リスクなら「自己資本比率を上げる」「固定金利を選択する」という方法があります。修繕リスクなら、「最初から築浅の物件を選んで故障や損壊のリスクを減らす」という選択があります。

また、不動産はエリアによって価値の上昇、下落の差が大きいです。複数所有するときに同じエリアに集中して物件を保有していると、エリア全体の価値が下落したときに逃げ道がなくなってしまいます。

そのため地価下落リスクを避けるために、物件をエリアごとに分散させて保有する、いわゆる**「物件の分散化」**が基本となります。

また**「金融商品の分散化」**も大切です。不動産投資に加えて、株式、投資信託、保険など、異なる種類の投資をいくつか手がけておいたほうが、リスクを分散できます。株式も国内株式、海外株式などで分散しておけば、どちらか片方が下がっても、もう片方が上がっていればバランスが取れるのと同じ理屈です。

時期によって投資資金の保持比率を変えていくという柔軟性を持てる投資家が成功しているといえます。

こうした**リスクを可能な限り避けるために、有益な情報を得られる媒体を使って、不動産投資についてしっかり学んでおくべきです。**例えば「不動産投資の教科書」のようなインターネットメディア、書籍、セミナー、ブログ、SNSなどの中から、自分で良質だと思うものを選び、情報収集していきましょう。また、不動産投資の経験者に話を聞くことも有効です。

それらを通じて、不動産投資のリスクとはどういうものか、営業マンのポジショントークを見破るにはどうしたらいいか、どうすれば正しい情報を見極められるか、こういったことを勉強しておきましょう。

最大のリスクは「無知」であること

投資には受験勉強のような決まった答えがありません。その人が置かれている環境、そのときの不動産市況、その人の属性などによって、たとえ同じ物件を買ったとしても、人それぞれで結果が変わってきます。例えば、自己資金をいくら用意できるかで融資を組む年数が変わります。そうなれば月々の返済額も変わり、キャッシュフローも変わってきます。また、年齢や職業によって融資を組める金額や期間も違います。どれだけお金がかかるのか。自分は将来どれくらい資産を持ちたいのか。その資産の中における金融商品の配分（ポートフォリオ）はどうするのか。こうしたさまざまなことを含め、シミュレーションしておかなくてはいけません。

また、不動産は一点ものです。家電製品なら、買い手は安い店を選ぶ権利があります。株式なら銘柄は自分で選べます。しかし、不動産は購入したい物件を取り扱っている会社からしか買うことができません。優良な不動産会社ほど、買い手を選べる立場にあります。

優良な売り手に選ばれる優良な買い手であるためには、しっかりとした投資計画があるかどうか、意思表示を早めにはっきりする、資金力を高めるといったことが大事です。そして、電話でもメールでもいいので、不動産会社、営業マンとの連絡を密に取り合いましょう。そうすれば、不動産会社から信頼できる買い手だと認識され、良質な情報が集まるようになります。

ただし先述の通り、不動産会社には優良な会社から悪質な業者まで存在します。「かぼちゃの馬車・スルガ銀行事件」のような事態に遭遇し、資産を失うこともあります。そのため投資家自身が、リスクを考えておかなければいけません。**投資は自己責任が原則です。**

何の知識もなければ、不動産会社の提案が正しいか間違っているかを判断できません。**「無知」こそ、最大のリスクです。**必要かつ十分な情報をきちんと獲得すれば、成功の可能性は高まります。本書を最後までしっかり読みこんでいただき、不動産投資に関する正しい知識をぜひ身につけてください。

コラム①

3極化する不動産市場で変えるべき常識

長嶋《ながしま》　修《おさむ》

――不動産テックやこれからの不動産市場がどう変わるのかについて、「さくら事務所」長嶋修氏にお話をお伺いしました。

不動産は高額商品の売買にもかかわらず、私が不動産業界に入ったころから現在までずっと、取引システムが整っていません。それを解決する一つの方法に「不動産テック」があります。日本でも価格推定はありますが、9割以上がインターネット上をロボット型検索エンジンでクロールして物件情報を集めるという、非常にシンプルなものに過ぎません。

一方で雨漏りやリノベーションによって変化した価値など、現場レベルで日々更新される情報はその物件情報には含まれていません。だからこそ、不動産のデータベースには、建物の現在のコンディション、インスペクション（建物状況検査）の2つが必要なのです。

また、本来あるべき不動産事業とは、顧客にとっての「かかりつけのお医者さん」のような役割です。ただの押し売りではなく、その人の資産背景・要望・親族の状況などをきちんと知り、ライフプランに合わせた提案をしていく必要があります。

不動産投資は損得だけではじめると、大失敗はないとしても、つまらないものになります。投資した建物に愛着がわきませんし、家賃滞納などのトラブルも「面倒だ」で終わってしまうからです。本当はそうした場面で、リスク軽減策など常に改善を重ねて、不動産経営が「楽しい」と思えるような人が不動産投資に向いています。

今後、不動産市場は大きく「上位15%、中位

70％、下位15％」に3極化するでしょう。上位は不動産価値が落ちにくい。中位は下落するしかなく、あとは下落率の問題です。下位はほとんど無価値で取引すらできないことになります。この流れは人口・世帯数減少や少子高齢化のトレンドが落ち着く2050年くらいまで続くでしょう。

世界経済にはインフレの波が押し寄せ、欧米に続き日本においても金利上昇の序曲が聞こえてきましたが、こうした中、国内の株式や不動産といった資産により注目が集まるのは必至といえます。東京23区のマンション価格が億単位の水準となり、旭川市や北九州市で億ションの売れ行きが良いことが話題を集めていますが、ここにインバウンドマネーが加わることで、一部の不動産は他先進国と比較した相対的な割安感も手伝って、さらなる高みへ至る勢いです。30年続いた「デフレ脳」を払拭し「インフレ脳」に切り替えるのは今です。放っておくと現金の価値はどんどん目減りします。

そのような中、不動産投資を有意義なものにするためにも、これからは不動産業界も投資家も常識を変えなければなりません。

その1つが「築年数が経つと賃料が下がる」という常識です。新築のときに最も価格が高くて25年ぐらいで価値がゼロ、というのは日本くらいです。海外では、築年数がどれだけ経っていても、品質が良ければいつまでも価値は落ちないのが当たり前です。

今後は、建物の基礎構造や外壁といった骨格部分のコンディションが変わらなければ、ずっと高い価値が保てる。内装材や水回りの設備などは減価していきますが、どこかでリノベーションすれば価値が上がっていく。そんな感じの不動産評価方法に変わっていくと予想されます。

もう一つ、「高齢者は賃貸住宅を借りにくい」という常識も変えなければいけません。

これまでは孤独死のリスクが背景にありましたが、今後は不動産投資物件として「高齢者向け賃貸」というジャンルが有望だと思います。そういった複眼思考で不動産を見てみると、投資としてのチャンスが広がっていきます。

最後に「外国人ニーズ」。これは富裕層や高所得層をターゲットとするのが良いでしょう。日本には家賃数百万円クラスの高級な賃貸住宅が圧倒的に足りません。

不動産コンサルタント。NPO法人日本ホームインスペクターズ協会理事長。1967年生まれ。1999年不動産業界初の個人向け不動産コンサルティング会社「不動産調査　さくら事務所（現　株式会社さくら事務所）」を設立。現在は不動産コンサルタント業の他、国交省・経産省などの委員としてさまざまな政策提言を行っている。『100年マンション　資産になる住まいの育てかた』『不動産格差』『災害に強い住宅選び』（さくら事務所との共著）（日本経済新聞出版）など著書多数。

3章

失敗しない！不動産投資のはじめ方

成功する不動産投資のやり方とは

新規事業を立ち上げようとすれば、事前準備がその後の成否を左右します。これはビジネスをしている人なら誰でも経験していることだと思います。

不動産投資も同じです。あくまで事業経営ですから、最初に次ページの図表④のような「不動産投資の基本的な流れ」をおさえておかなければなりません。

不動産投資をする人の目的はさまざまでしょう。例えば「50代で2億円の資産を形成したい」という人もいれば「お小遣いを月5万円増やしたい」という人もいると思います。ですから、最初に目標設定をし、現在の自分の年収やローンなど資金状況を踏まえたうえで資金計画を立てましょう。

その時点で、自分の投資基準が見えてきます。そこから書籍やインターネットなど

図表④　不動産投資の基本的な流れ

順番	項目	内容
1	目標設定	資産形成の目的と金額の目標を定める
2	資金計画	手元資金、ローンの有無などを確認する
3	情報収集	書籍やネットなどで物件情報を収集する
4	資料請求	物件の資料を不動産会社から取り寄せる
5	物件評価	資料の内容から物件の収益性を予測する
6	現地見学	現物を見て不動産会社にもヒアリングする
7	買付証明書	購入を決めたら売り主に買付証明書を提出
8	融資申請	金融機関に融資審査を申請
9	売買契約	売り主と売買契約をして手付金などを支払う
10	融資承認	適切な融資条件なら金銭消費貸借契約をする
11	決済・登記	売り主に残代金を払い不動産登記手続きをする

でしっかり情報収集し、投資対象の物件の種類や価格帯などを決めましょう。

投資基準に見合う物件が見つかれば、不動産会社から資料を取り寄せて収益性を予測します。その際、その会社に優秀な営業マンがいれば、事業計画のアドバイスも受けてみてください。

物件もある程度絞った段階で、必ず一度は現地見学して物件を確認し、そのうえであらためて詳細を不動産会社にヒアリングしてみましょう。実際に現物を見れば、管理状況や周辺環境などがわかりますから、聞きたいこともたくさん出てくると思います。

とくに最近、台風や洪水といった自然災害が増えています。自然災害による被害は資産価値に直結しますから、各自治体が公開している「ハザードマップ（自然災害による被害予測地図）」をあらかじめ見ておくことをおすすめします。その土地が洪水や土砂崩れといった被害に遭いやすいかどうかが一目でわかります。

不動産の売買契約を結ぶときは「重要事項説明」という、物件に関する事柄（過去に自殺があった事故物件かどうかなど）と取引条件に関する事柄について、売り主が買い主に説明することが義務付けられています。2020年8月、この重要事項説明に大きな変化がありました。昨今の大規模水災害の増加を受けて、宅地建物取引業法施行規則の一部が改正されたのです。これにより不動産会社は重要事項説明の際、水害（洪水・雨水出水・高潮）ハザードマップにおける対象物件の所在地を事前に説明することが義務付けられました。

購入物件を決めたら、売り主の不動産会社に買付証明書を提出し、融資審査へと移ります。このときの金融機関との面談で、事業計画が甘かったり（例えば、物件の家賃の下落率をまったく加味せず、融資期間中、家賃が一定であるというシミュレーションをしている）、提出資料の不備（例えば、金融機関が指定した源泉徴収票などの必要書類がそろっていない）が見つかると審査に落ちる可能性もありますので、しっかり準備しておきましょう。

融資の目途がつけば売買契約を締結しますが、融資審査が通らないケースもあります。それを想定して、契約書に融資が成立しなかったときに違約金などが発生しないような特約を付けておけば安心です。契約時には、物件価格の1割程度の手付金、購入先が不動産仲介会社なら仲介手数料の半金、書類に貼付する印紙代などの諸費用を支払います。融資が通れば、融資契約を締結します。このとき、融資の事務手数料や保証料、火災保険料などが必要です。ここまで終われば、残りの代金を売り主に支払って決済し、いよいよ物件の引き渡しを受けます。所有権移転登記などを済ませれば、オーナーとしての第一歩を踏み出すことになります。

どこから優良な物件情報を手に入れるか

不動産会社は、頻繁に投資セミナーを開いていますが、中にはまったく役に立つ話がなかったというケースもよく耳にします。

その会社の代表、あるいはその会社で物件を購入した投資家から直接、具体的な話を聞けるセミナーは貴重です。ただし、そういう人たちは、会社のいいところしかいわない場合もありますから、ときには注意することも必要です。

会社の代表や役員が話すセミナーなら、会社の雰囲気、理念、方向性などが自分の目で確認できるので、興味があれば参加してみてもいいでしょう。

不動産会社には、セミナーで見込み客を集めて、そこからクロージングにもっていきたいという狙いがあります。とくに無料セミナーや無料相談会なら、その色合いが強く、その場で個人面談、物件営業までされることもあります。タダより高い情報はありません。

そのため有料セミナーがあれば、そちらにも足を運んでみてください。お金が発生する以上、会社側もそれなりの情報を提供しようと努力しますし、受講者である自分の意識も高まります。

セミナーに行けばその会社と接点を持てるので、良さそうな会社のセミナーがあれば、異なるテーマ、異なる講師で2～3回は出席してみることをおすすめします。

なぜなら、最初に参加したセミナーのテーマがたまたま自分に合わなかったけど、次のテーマが自分の属性にぴったりだった、というケースがあるからです。

基礎編、応用編、実践編で講師が違うことが多いので、それらの内容を見極めましょう。しつこく営業されない限り1回行っただけですべてを判断して、切り捨てることがないように心がけてください。

セミナーの他にも、情報収集のツールとしては具体的に、書籍、不動産投資専門ポータルサイト、仲介業者が発行するメールマガジン、全国の不動産会社のホームページ、不動産競売物件情報サイトなど、さまざまなものがあります。

優秀な営業マンからクローズドの情報を得るのも手段の1つですが、それはごく一部の限られた情報です。多くの投資家は特別な情報ルートなどは有しておらず、一般にオープンされた情報から日々、地道に情報収集しています。

信頼できる不動産会社の見分け方とは？

多くの人がインターネットを使って不動産会社を探していますが、その会社が投資用物件を得意としているかどうかをまず見極める必要があります。不動産会社にもいくつか種類があり、単身世帯の賃貸物件が得意、ファミリー分譲物件が得意、投資用物件売買が得意、など色分けできます。片手間で投資用物件を扱っているような会社は選ばず、投資用物件を専門で扱う会社を探しましょう。

そのうえで会社を直接訪問し、**「信頼できる優秀な営業マンがいる不動産会社」**を選んだほうがいいです。

そのためには、まず担当の営業マンをじっくり観察しましょう。

ただし、服装など外見だけで判断してはいけません。たしかに身だしなみがきれいなほうが好感を持てますが、身なりがいいからといって、そこがいい会社だとは限りません。

話が進めばその場で物件を紹介されるかもしれませんが、その際に**ぜひ聞いておきたいことは、中古物件であれば「物件の売却理由」と「いつから売りにだされたか」です。**

売却理由が相続対策や引っ越しなどであれば、急いで現金化したいということですから、値引き交渉の余地があります。また売りだし期間が長ければ、なかなか買い手がつかない理由が何かあるはずなので、立地や稼働率について確認してみましょう。

じっくり話を聞いて、本当に信頼できる人間かを確かめることが大事です。そのとき、顧客の将来設計や投資目的をきちんと聞き、ライフプランナーのようにアドバイスしてくれるかがポイントとなります。

加えて、担当者が宅地建物取引士やファイナンシャルプランナーなどの資格を保有していれば、なおいいでしょう。なぜなら、国家資格の取得過程で不動産や金融関連の専門知識を体系的に学習していると考えられるからです。

また、取引金融機関も会社を見分けるポイントの1つです。

アパートなどの一棟物件の場合には、とくに**信託銀行系と提携しているのが1つの基準です。三井住友銀行、三菱ＵＦＪ銀行、みずほ銀行といったメガバンクが含まれていれば、さらに信用力があるとみなせます。**

加えて地方銀行とも付き合いがあり、そこから融資を受けられれば、より低金利で借りられる可能性もあります。

メガバンク、地方銀行などあわせて10行以上の提携金融機関があれば、優良な不動産会社といえます。取引金融機関が多いということは、その会社の信用と実績が証明されているからです。

ここは私たち「不動産投資の教科書」もチェックするポイントです。

逆にいえば、取引金融機関が2〜3行だけというケースは要注意です。会社の信用度が低い可能性が高いからです。実際に、テレビ東京「日経スペシャル　ガイアの夜明け」で取り上げられて問題となった某不動産会社は、取引金融機関がほぼスルガ銀行だけでした。

ポジショントークがあることを意識する

セミナーのところでも触れましたが、情報というものは、それぞれの立場、それぞれの見方によって、同じニュースソースだとしても違った結論で発信されます。これを一般的に「ポジショントーク」といいます。

わかりやすいのは、マイホームは分譲か賃貸かどちらがお得なのか、という議論です。分譲物件を販売している業者なら生涯に支払うコストは分譲物件のほうが低いと主張しますし、賃貸業者なら賃貸のほうが諸経費や隣人関係を気にしなくていいと主張するでしょう。

分譲にしても、マンション販売業者ならセキュリティや利便性の話に終始しますし、戸建て販売業者ならマンションより間取りが広いし土地もついていると話すでしょう。

不動産会社も同じで、買ったら儲かるというメリットばかりを強調する会社もあると思います。わかりやすいのが、「30年後には家賃が年金がわりになる」「サブリースで家賃保証だから安心」といったことです。

不動産には、新築と中古があります。新築販売業者なら「新築のほうが設備が整っている」「家賃設定を高くできる（プレミアム家賃にできる）」と話すと思います。これは裏を返せば「家賃を高く設定できるのは最初だけで、数年後には下落する可能性がある」ということです。

中古なら「新築のように利回りが落ちる心配はありません」などと話すでしょう。しかし、これも裏を返せば「設備が古い物件もあるから、稼働率を上げるために新品に入れ替えたりしなければ利回りが落ちるリスクがある」ということです。

営業トークはすべてポジショントークだという前提で、メリット、デメリットの両方をしっかり話してくれる会社を見極めていきましょう。

不動産投資をはじめる際のコストはどのくらいかかるか

不動産投資には「資金計画」が必須です。中でも次ページの図表⑤のように、契約時にかかる費用がいくつかあります。これらを合計すれば、**おおよそ「物件購入価格の1割程度」になります。**いざというときにお金が準備できないという事態にならないためにも、これは覚えておきましょう。

例えば、不動産仲介業者を介して物件を購入すると、仲介手数料がかかります。細かくいえば、物件価格のうち「200万円以下の部分は5％以内」「200万円を超え400万円以下の部分は4％」「400万円を超える部分は3％」となります。

これを計算するのは面倒なので、ざっくり「物件価格の3％＋6万円（税別）」とおさえておきましょう。なお、売り主から直接物件を購入できれば仲介手数料はかか

図表⑤　不動産投資の契約時にかかる費用

仲介手数料	物件が400万円超なら売買代金の3%＋6万円（税別）
印紙代	1000万円を超え5000万円以下なら1万円
登録免許税	土地・建物ともに課税標準額の2%が原則
不動産登記手数料	不動産登記の際に司法書士に支払う手数料
固定資産税（日割り）	他に都市計画税もかかる
不動産取得税	（土地固定資産税評価額/2）×3%＋ 建物固定資産税評価額×3%
火災保険料など	他に地震保険、家賃収入特約などさまざまある

りません。ただ、売り主といっても不動産会社と個人がいます。個人売買の際はすべての手続きを基本的に自分1人で行うことになりますので、代行業者を使うなど工夫したほうがいいと思います。

印紙代、登録免許税、不動産登記手数料、固定資産税、不動産取得税などは必ず払わないといけないので、よくわからない場合は不動産会社の営業マンなどと相談しましょう。すでに税理士とお付き合いがあるようなら、そちらに相談するほうがより確実です。

保険に関しては、火災保険は必須ですが、他にも自然災害などで建物が損害を受けて生じた家賃の損失を補てんしてくれる「家賃収入特約」など、特約というオプションがいくつかあります。これは自動車損害保険にある弁護士費用特約などと同じです。

人によっては「建物電気的・機械的事故特約」に入っておいたほうがいいということもあります。これは給湯設備やエアコンなどの設備の損害を補償するものです。電気がショートなどして設備が壊れたら、多額の修復費用がかかるケースもありますから、どこまでが保険として必要か、収入と支出のバランスをしっかり見極めて加入の要不要を考えましょう。

この他にも、管理費、修繕積立金、ＰＭフィー（管理会社への管理委託料）などが毎月発生しますし、入居者が退去したときにはリフォーム費用、入居者募集の広告費用がかかります。こうした経費は年間賃料の合計の10～30％と物件により幅があります。

また、一棟物件の場合には、物件を保有している投資家に、外壁塗装や屋上防水工事などの大規模修繕時に発生する数百万円から数千万円の工事費用が必要となります。区分マンションであれば、管理組合が組成されていますので、投資家一人当たりの負担は少なくなります。

こうした急な出費に備えて、家賃収入分は使い切らずにいくらかプールしておきましょう。

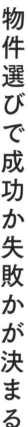

物件選びで成功か失敗かが決まる

不動産投資の成否の分かれ目として、不動産会社の選び方の大切さをお伝えしてきました。とはいえ、物件に問題があれば成功は絶対にあり得ません。

物件の良し悪しを決めるのは、何といっても「稼働率」です。空室が少なく、満室状態が続くような物件が理想です。稼働率が高いということは賃貸需要が高いということですが、やはり駅近だとかスーパーが近くにあるといった好立地であるほど、需要は高まります。

初心者なら、物件の立地がどうかなどと考えるよりも、金融機関が融資してくれるかどうかというのを考えたほうがいいかもしれません。自分では判断がつかなくても、金融機関は独自の判断基準を持っていますから、その物件が融資に値するかどうか客観的な評価を下してくれます。融資がおりそうな物件を探してみましょう。

金融機関が重視するのは、土地の価格と建物の価格を合わせた「積算価格」というものです。土地の価格は「路線価×土地の面積」、建物の価格は「(再調達価格×延べ床面積×残存年数) ÷法定耐用年数」で算出できます。積算価格は、24ページで触れた担保価値を金融機関が決める際に使われる指標の1つになります。

再調達価格とは建物を新たに建築する場合の費用、残存年数とは法定耐用年数から築年数を引いた年数、法定耐用年数とは、減価償却資産の耐用年数であり、建物が実際に使用に耐えられる年数ではありません。例えば木造住宅なら22年、鉄筋コンクリート住宅なら47年となっています。

こうした数値は自分でも調べられますが、もしわからなければ不動産会社などに相談してみましょう。

命運が決まる管理会社を要チェック

自分が住んでいる場所の近くで物件を買うにせよ、遠隔地の物件を買うにせよ、管理はプロの管理会社に委託したほうがいいです。何か問題があったときにオーナー自ら現地訪問しても、解決しない問題はたくさんあります。

管理会社次第で不動産投資の命運が決まるといっても過言ではありません。なぜなら、**管理会社のスキルで稼働率が変わる**からです。購入した物件をどの管理会社が管理しているか。これが収益に直結します。管理体制がしっかりしており、過去の実績もきちんとある会社なら安心してお付き合いできます。

物件を売った不動産会社が、その物件の管理もしてくれるのなら特段問題ありませんが、中には物件を売りっぱなしにして管理は別会社に丸投げ、という不動産会社もあります。こうしたケースは注意が必要です。そもそも管理まで一気通貫でしてくれない会社は信頼できないことが多いからです。

したがって、物件の資料を見るときは、管理会社が販売会社と同じグループ内にあるか、もしくは販売会社の中に管理機能が併設されているかどうかを確認する必要があります。「物件の管理も御社ですか？」と確認すれば、答えてくれるはずです。

もし管理会社が別であれば、その会社が３０００戸程度の物件を管理しているかどうかを聞いてみましょう。３０００戸程度を管理するにはそれなりのノウハウを要しますので、安心できる会社の目安といえるでしょう。

不動産会社の最近の動向とは

不動産会社のホームページを見てもわかるように、各社独自に工夫して集客しています。今はどの業界でもホームページを用意しているのは当たり前ですが、それだけで優劣を判断するのは危険です。

ホームページでチェックするポイントは、取引金融機関、取り扱う物件の規模（一棟物件なのか、区分マンションなのかなど）、販売実績（例えば、年間の販売棟数・戸数、年間の売上高など）などです。こうした情報がなければ、その会社はあまり情報を表にださない体質だとわかります。用心深いのか、後ろめたいのかは、不動産会社に直接確認してみるしかありません。聞いて教えてくれるようなら、安心できるといえるでしょう。

ホームページが充実していない＝悪質な会社というわけではありません。

なぜなら、本当にいい会社は優良物件を取り扱っていますが、そのような物件情報は表には出しませんし、優良物件の有無とホームページの出来不出来は必ずしも一致しないからです。

最近では営業手法も変わってきました。以前はもっぱら電話攻勢が中心でしたが、現在は「セミナーに参加した方には○ポイントを差し上げます」「○ポイント差し上げますから個人面談にきてください」といった「ポイントサイト」のプロモーションが目立つようになりました。

例えば区分マンションを手がけている、ある不動産会社のケースでは「面談すると3万円分のポイントがもらえます」と広告しています。

そのポイントをもらうためには、一定条件をクリアしていなければなりません。年収○百万円以上とか、上場会社勤務かといったことです。

不動産会社としては、上質な顧客リストを集めるため、ポイント提供の代わりに条件をつけているのです。なお、ポイントは、現金、電子マネー、ギフト券などに交換できます。

顧客に対して「お得なポイントがもらえるなら面談に行ってみよう」という動機付けができますので、不動産会社としては、ポイント提供は顧客を獲得できる効率的な宣伝方法なのです。

面談から物件購入までこぎつければ、会社としては万々歳ですが、仮に決まらなくても顧客リストに追加できます。そのため、後日あらためてアプローチできるというメリットがあります。

仮に1人3万円のポイントで20人が面談にくるとすれば、60万円もの費用がかかることになりますが、広告宣伝費として考えればそれほど大きな費用ではありません。

不動産投資は、情報戦

私たち「不動産投資の教科書」では、不動産投資家に対して「セカンド・オピニオンサービス」を提供しています。内容は次ページの図表⑥の通りです。

すでに投資をしている人だけでなく、これから不動産投資をはじめたいという初心者に対しても、厳選した不動産会社のトップ営業マンを紹介したり、ベテラン投資家の目線で物件の見極め方をお伝えしています。

このサービスでは物件を紹介するわけではありません。だからこそ、中立・公平な立場でアドバイスをすることができます。

ちなみに「不動産投資の教科書」に寄せられる相談には次のようなものがあります。

○不動産投資のはじめ方
○不動産投資のメリット・デメリット
（他の金融商品との違い）
○物件種類の選び方（区分マンションと一棟マンション・アパートの違い、新築・中古の違い、ワンルーム・ファミリーの違い）
○物件の選び方（分譲会社、賃貸管理会社、建物管理会社、築年数、総戸数、最寄り駅と距離、賃貸履歴など）
○投資エリアの選び方（山手線内側、東京23区、東京都内、埼玉県・千葉県・神奈川県、地方郊外、海外との違い）
○物件の管理方法（賃貸、建物管理）

図表⑥　セカンド・オピニオンサービスの主な内容

購入しようとしている物件が 買っていいものかどうかをアドバイスする
物件の運営状況を確認し、 今後の物件の融資戦略や購入戦略をアドバイスする
ケースによっては おすすめの不動産会社を紹介する
ファイナンシャルプランナーのように 将来の資産形成計画を一緒に策定する

○ファイナンスの方法（銀行融資・金利、適正価格かどうか）

○不動産会社をどう選ぶか

不動産会社は営業マンにノルマを与えます。営業マンとしては、ノルマのために何としてでも物件を売らなくてはならないため、顧客に対して自社に有利な情報しか教えないという事態に陥りがちです。

顧客のそうしたリスクを避けるために、私は中立・公平な立場に立ったセカンド・オピニオンサービスが必要だと感じたので、独自にはじめました。

セカンド・オピニオンの会社はいくつかありますが、中には不動産会社と提携して「売りたい物件」をすすめてくるところもあります。それでは中立・公平ではなく、セカンド・オピニオンとはとてもいえません。

私たち「不動産投資の教科書」では物件をおすすめすることはありません。さまざまなカテゴリーの不動産会社をサイト上に掲載し、私が面談などを通して良いと感じた会社のみ厳選してご紹介しています。

Q 物件を提案されたときに気を付けることはなんですか？

A 不動産会社と面談することになり、初回で良さそうな物件を紹介されたとしても、即決してはいけません。十分な知識がないまま、即断即決してしまうと後悔する可能性が高いからです。

不動産投資は情報戦です。不動産会社と投資家の間には「情報の非対称性」があり、不動産会社の儲けはそこから発生しているのです。

ですから、これまで何の付き合いもなかった会社が、情報をすべて提供してくれるわけがありません。1社だけではなく、最低でも3社ほどは会社を訪問し、それぞれの物件を比較検討することが物件選びで失敗しないコツです。

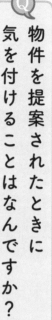

1社だけでは確固たる判断基準が持てませんが、複数の会社や物件を見ることで少しずつ判断力がついてきます。

複数の会社を比較すれば、それぞれの強みと弱みがわかってきます。大きい会社だからこそたくさんの物件情報や提携金融機関を持っていたり、小さい会社だから小回りが利いたり、各社の特徴に合わせて物件を選んでいくことが大事です。

Q 営業マンが気に入らなかったら、どうしたらいいですか？

A

はっきりと「担当者を代えてほしい」と会社（担当者の上司など）に伝えましょう。信頼できる営業マンと出会うためには、担当者を変更してもらうことも必要です。

たった1人の営業マンに会っても、その会社のことはわかりません。できれば上司や所属長といった上席の人とも話をしましょう。「上司を呼び出すなんて恐れ多い」

と思うかもしれませんが、しっかり希望を伝えましょう。

不動産という高価な買い物だからこそ、十分な情報を得たうえで判断すべきです。

そして本当に、その不動産会社が自分の要望に寄り添ってくれるかは、上司も含めて会社全体を見て確かめてみる必要があります。

4章

これは外せない!
優良物件の選び方の原則

不動産投資の8つのかたち

不動産投資をする人の多くは、①お金を増やしたい、②老後資金をつくりたい、③本業以外に定期収入を得たい、といったことが主な目的でしょう。

一口に不動産投資といっても、それぞれの目的に適した方向性というものがあります。では、みなさんは、何を目的に不動産投資をはじめようとしていますか？

最初に目的をはっきりさせず、いきなり投資をはじめても失敗する確率が大きくなってしまいます。そのため、きちんと目的を定めたうえで事業計画を立て、投資に取り組まなければいけません。不動産投資の物件の選択肢としては次ページの図表⑦のように8つあります。

図表⑦　不動産投資の8つのかたち

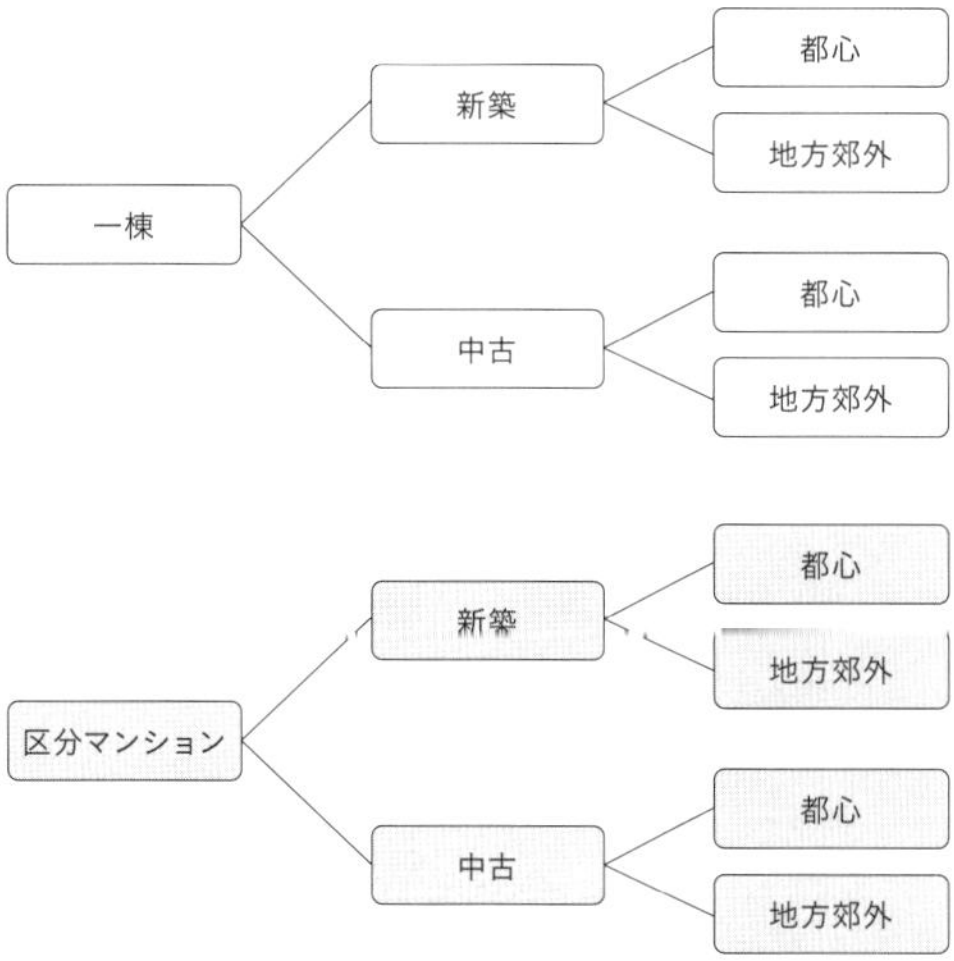

投資する流れとしては、次のようにに進めていくといいでしょう。

まず「アパートやマンションの一棟買い」か「マンションの区分所有」を選ぶ。次に「新築」か「中古」を選び、最後に「都心」か「地方郊外」かを決める。

最終的には投資目的、自己資金の有無、自身の属性などによって決定してください。

区分マンションと一棟、どちらがいいか

不動産投資は大きく分けると、次の2つの方法があります。

①分譲マンションの1戸もしくは数戸を所有する「区分所有」
②アパートやマンションをまるごと1棟所有する「一棟買い」

はたして、**どちらの物件を選ぶか。投資の目的や手持ちの自己資金、あなた自身の属性（職業や年収）などから総合的に判断する必要があります。**

そのためにもまずは、それぞれのメリット、デメリットを把握しておきましょう。

マンションの区分所有

メリット

❶鉄筋コンクリート（ＲＣ）造や鉄骨鉄筋コンクリート（ＳＲＣ）造のマンションは、法定耐用年数が木造より長く、木造ほど値崩れをする心配がありませんから、資産価値が比較的高く維持され、長期的に運用ができます。そのため購入者は、将来の個人年金代わりに保有する人、とくにサラリーマン投資家が多いです。

❷小規模物件なら、１０００万円程度から現金一括で購入することもできます。その分、**一棟買いと比べるとリスクが低くなります。**「不動産経営をはじめたいけど、どの物件から手をつけたらいいかわからない」という人に適しています。不動産投資で家賃収入を得たい、将来の個人年金代わりにしたいけど、あまり大きな借金は負いたくないという人には区分マンション投資をおすすめします。

❸管理組合があるマンションなら、管理会社がサポートしながら管理組合が主体となって運営してくれるので、建物管理が安心です。

④一棟物件と比較して価格が安いため、相対的に流動性が高いです。区分マンションのほうが購買層が幅広く、アクセスやロケーションが優れているケースが多いので、適正価格であれば出口戦略として売却しやすい傾向にあります。

デメリット

❶1戸ごとの購入になるため、複数の物件を持とうとする場合は、そのつど契約や決済などの準備に手間がかかります。

❷管理費や修繕積立金の負担が適正かどうか、見極める必要があります。仮に表面利回りが高くても、区分マンション投資は一棟買いと比較して、そもそも月々のキャッシュフローが少ないのがデメリットです。これは、通常、管理会社経由で家賃収入から（強制的に）管理費や修繕積立金などが控除されてしまい、その分手残りが減ることになるからです。

❸1戸だけの所有ですから、建物全体のことを自分1人では決められません。また、**空室が生じた場合、その間の家賃収入がゼロになります。**

アパートやマンションの一棟買い

メリット

❶全体の戸数が多いため、大きな賃料収入を得ることができます。少し空室が生じたとしても、全体の収益に与える影響を希薄化できます。そのため、将来的に家賃収入だけで生活したいと考えているような人に適しています。

❷建物だけでなく、土地という資産も同時に手に入ります。金融機関に土地と建物を評価してもらえるため、積算評価が高く出るようなら融資を受けやすくなります。一棟買いで融資を受けられるような人は、投資家としての返済能力を認められた証でもあります。

❸建物全体のオーナーになるため、**建物の名称、日常の修繕を含む大規模修繕など、多くのことをオーナー自身の裁量で決定できます。**

❹土地の価値が高い場合、老朽化などで取り壊した際に複数の選択肢が生まれます。例えば、物件を建て替えるもよし、空き地を駐車場として活用するもよし。土地が

値上がりしていれば売却するもよし。土地活用の方法を自由に決められます。

✕デメリット

❶投資金額が最低でも2000～3000万円から、高額なものだと数億円と大きくなるため、借り入れにともなう潜在的なリスクが生じます。

❷一棟のオーナーですから、建物全体の管理に関する全責任を負うことになります。そのため、外壁塗装や屋上防水など建物全体の修繕に関して、**きちんと修繕積立金を自身（もしくは自分の会社）でプールしておかなければいけません。**なお、2011年の国土交通省のガイドラインでは、例えば、15階未満、延床面積5000㎡未満のマンションの場合には、平均218円／㎡・月が修繕積立金として必要とされています。また一棟物件は部屋の戸数が多くなるため、管理が徹底されていなければ空室率が高まるリスクがあります。

❸物件価格が高いため、区分マンションと比べて流動性が低く、すぐには売却しにくい傾向にあります。

新築と中古ではどちらがいいのか

不動産には「区分所有」「一棟物件」という区別の他に、「新築」「中古」という区別もあります。それぞれのメリット、デメリットについても把握しておきましょう。

新築

メリット

❶資産価値が中古よりも高く評価され、長期で低金利の融資がつきやすい傾向にあります。**新築のほうが物件価格は高いため、購入時の表面利回りが中古よりも低い傾向にあります。しかし、新築のほうが中古より耐用年数**（償却年数）**が長いため、費**

用として計上できる減価償却費が大きくなります。また、中古よりも長い期間、より高い家賃収入や稼働率が見込めます。このような理由で、10年、20年保有すれば中古よりも得られる収益は多くなり、結果的に高いキャッシュフローが見込めます。

❷金融機関は通常、「法定耐用年数から経過した築年数を差し引いた残存期間」をベースに融資期間を検討します。そのため、中古では融資がおりないこともありますが、築年数がゼロの新築にはその心配がありません。

❸昔から日本人には「中古よりも新築に住みたい!」というニーズが高いため、入居者を獲得しやすいという利点があります。時代のニーズに合わせて最新設備を導入していますので、新築から築3〜4年目くらいまでは高い賃料が見込まれます。

❹「住宅の品質確保の促進等に関する法律(品確法)」があるため、新築後10年間は建物の大きな不具合に関して、売り主に瑕疵《かし》担保責任が義務付けられます。売買の対象物に隠れた瑕疵、つまり外部から容易に発見できない欠陥があった場合、買い主は売り主に対して契約解除や損害賠償請求を主張することができます。

この点について2020年4月の民法改正により、買い主の保護が強化され、売り主の責任が重くなりました。

❺中古より多く減価償却費を費用として計上できるため、節税効果も見込めます。

✕デメリット

❶中古物件と比較すると物件の販売価格が高いため、利回りが低い傾向にあります。

❷デベロッパーが竣工時に設定した家賃が相場よりも高かったり、意図的に「新築プレミアム家賃」をつけていたりすると、**初めの入居者が退去したタイミングで家賃が大きく下がってしまうリスクがあります。**入居者が一度でも住んだ瞬間に、その物件はもはや新築ではなくなりますので、当初の家賃よりも安くしなければ入居者を獲得できない可能性があります。

中古

メリット

❶一般的に新築物件と比較した場合、物件価格が安いため、収支がプラスになる傾向があります。

❷すでに入居者がいるため、収支計画のシミュレーションが立てやすくなります。

❸**物件価格が市場で形成されるため、新築物件と比べて「キャピタルロス（保有資産の値下がりによる損失）」が発生しにくいという利点があります。**新築は土地と建物を合わせた積算評価のうえに、不動産会社の広告宣伝費や人件費などが加算された価格になりますが、中古はそうしたものがなく、市場価格になります。

✕デメリット

❶古い物件ほど価格は低くなりますが、融資期間は法定耐用年数の残存年数以内での実行となるため、**融資期間が短くなりキャッシュフローが出にくい傾向にあります。**

❷間取りや設備が時代のニーズに合っておらず、老朽化してしまっていることもあります。よほどの好アクセス、好ロケーションでなければ、家賃を大幅に下げざるを得ないケースもあります。

❸前の所有者がメンテナンスを怠っていた場合、購入したとたんに多額の修繕費を求められるケースがあります。とくに中古の一棟買いでは要注意です。

以上が新築と中古のそれぞれ主なメリット、デメリットです。どちらかを選択する際に参考となるアドバイスを、いくつか付け加えておきます。

○予算に余裕があるなら、新築も検討すべきです。ただし、当初家賃や物件価格の下落に注意する必要があります。

○物件をたくさん増やすつもりはない、または売却する予定が当面ないということなら、長期的保有という観点で新築を検討してみるほうがいいでしょう。

○新築は建物内にモデルルームを設置していることが多いため、実際に入居者が生活する様子をイメージできます。モデルルームがあるなら、必ず一度は見ておきましょう。

○中古なら、前の所有者が実際に経営している物件を見て運用状態を確認しましょう。このとき、レントロール（家賃の推移などの資料）を開示してもらえば、なおいいです。そして割安かどうかを検討しましょう。

○中古は築年数の経過とともに建物部分が劣化・減価していきますが、土地の価格はそこまで大きく変動しません。そのため、中古の一棟買いで土地の実勢価格に近い金額で購入できれば、資産性の高い物件として金融機関から評価してもらえる可能性が高いです。

○中古では、販売会社が、外観や内装をリノベーション（既存の建物に大規模な工事を行って、新たな機能や価値を付加すること）してから市場に出すことがあります。価格はやや高くなりますが、一般的に新築よりも利回りが高くなります。

都心と地方郊外ではどちらがいいのか

不動産投資の物件は、立地によって価格が大きく異なります。

とくに昨今、少子高齢化や就業環境によって地方郊外から都心への移住が増えています。不動産投資では人口動態が稼働率に影響しますから、ここで都心と地方郊外、両方のメリットとデメリットを見てみましょう。

都心

メリット

❶地方郊外よりも高い家賃収入を見込めます。立地がよければ、家賃の下落リスクも

限定的です。

❷**建物設備がやや古くても、立地でカバーすることができます。**

デメリット

❶土地価格が高く、物件価格も高くなるため、収支状況に留意する必要があります。

地方郊外

メリット

❶当然ながら、都心よりも物件価格は低くなります。

❷都心よりも利回りが高いという利点があります。ただし、満室時想定利回りに注意が必要です。仮に利回り20%とうたっていても、人口が少なくて実際に入居者がいなければ、利回りは実質ゼロとなり、収支計画は絵に描いた餅となるからです。

❸アクセントクロスの導入やおしゃれな家具付きの部屋など、都心では当然の戦略が、

地方郊外では高い競争力をもたらすことがあります。

✕デメリット

❶同じスペックの物件であれば都心よりも家賃を低く設定しなければ、稼働率が下がります。

❷**今後の人口動態によっては家賃の大幅な下落が見込まれます。**若い人は都心部に出てしまうため、需給の差が一段と広がると考えられるからです。地方郊外の物件については、人口減少によって稼働率が低下して都心部の物件より収益性が低くなる可能性があるため、金融機関の融資姿勢が慎重になっています。さらに、スルガ銀行が融資していた地方郊外の一棟物件のように、販売業者が高い利益を乗せて投資家に販売しているケースもあり、相場より著しく高い物件もありますから、売却時に損失が出てしまうことが考えられます。そのため、実質的に出口戦略が立てられないようなケースも出てくるでしょう。

❸潜在的に入居者が少ないため、とるべき戦略が限定されます。入居者募集が成功し

たとき、賃貸仲介会社に支払う広告費用が都心の3～5倍になることもあります。

❹エリア環境が相対的に良かったとしても、駅自体の乗降客数が下落傾向にある場合もあります。また、郊外エリアで大学、大企業の工場、大規模施設などがあれば賃貸需要が比較的高い傾向にありますが、それらの施設がなくなってしまうと需要が急に失われるリスクがあります。

❺地方郊外は都心と違い、何かあったとき、すぐ物件に駆けつけることができません。東京の投資家が東北や関西方面の物件をすぐ見に行くのは難しいでしょう。仮に物件をすぐ見に行くことができなければ、設備故障など管理上のトラブルが発生した場合、初期対応が遅れてしまうこともあります。

❻地方郊外の管理会社は、オーナーに断りもなく小さな修繕を行ったり、家賃保証システムを導入していない管理会社もあるので、結果的にオーナー負担が大きくなるケースがあります。

こうして見ると、都心と地方郊外ではどちらがいいのかという問いについては、次のようにまとめることができます。

〇不動産投資は都心で行うのに越したことはありません。資産価値が高く、入居者付けも容易で初心者に向いているからです。

〇都心から離れて地方郊外に出るほど、利回りが高く、価格も比較的安い物件が多くなってきますが、今後は郊外エリアのほうが結果として割高になることも考えられます。

〇地方郊外をカバーしていた一部の地方銀行の融資が締まったことで、地方郊外の物件を検討する投資家（ライバル）は減少しています。そのため、自分自身で物件の見極めや融資付けができ、かつ自己資金がある投資家にとっては、むしろ地方郊外のほうが絶好の環境にあるという考え方もできます。

物件選びの注意点

なお、物件を選択する際の注意点をさらに2つ挙げておきます。

不動産会社の営業マンで「一棟物件を多く持ったほうがリスクは少なくなります。区分マンションは入居者がいなければ収入が0%で、いれば100%だから、ゼロか100かの世界ですよ」という人がいますが、その多くは一棟物件を扱う販売会社のポジショントークであることを知っておきましょう。

現状では、一棟や中古のほうが区分マンションや新築よりキャッシュフローが出やすいとは必ずしもいえません。都心でなくても、地方郊外で成功している投資家もたくさんいます。

また、最近では、都心や地方郊外などではなく、海外不動産投資をすすめる不動産会社が増えました。これは主に節税目的です。

海外不動産、とくに米国不動産がメインなのですが、米国で不動産を買っても日本の税制が適用されます。そして米国では、築22年以上の木造住宅でも建物部分の減価償却を多くとれます。日本なら、物件価格は概ね「土地8：建物2」の構成ですが、米国だと「土地2：建物8」というケースもあります。

米国では中古でも資産価値を高めたいということから、建物の価値に重きを置くという市場ニーズがあるからです。築22年以上の木造住宅なら4年で減価償却できますから、他に経費を計上すれば不動産所得で赤字を出せます。それを損益通算して、トータルの所得税が抑えられる。このスキームが、海外不動産投資の売りでした。

しかし、2020年度の税制改正により、海外不動産の不動産所得が赤字の場合、その赤字のうち中古建物の減価償却費相当額の損失は生じなかったものとする方針が打ち出されました。この改正は、2021年以降の不動産所得に適用され、投資家がすでに保有している中古建物にも適用されるものとなります。このように税制改正により、購入当初は節税効果が大きく見込まれるという前提条件が途中で成立しなくなることもあるため、節税を目的とした不動産投資の提案には特に注意をする必要があります。

購入すべきは、東京の最寄駅から徒歩10分以内の物件

不動産投資の初心者が「将来の資産形成」を目的とするなら、購入すべきなのはどのような物件でしょうか。読者のみなさんにも、ここまでの復習をかねて、ぜひ一緒に考えていただきたいと思います。

①新築と中古、あなたが住むならどっち？
②マンションの区分か一棟丸ごとか、管理するならどちらが楽？
③東京23区、もしくは自分の生まれ育った地方都市、どっちに住みたい人が多い？

こうして考えると、不動産投資の初心者は、「都内の駅近で新築区分マンション

図表⑧　駅からの距離と競合物件の関係

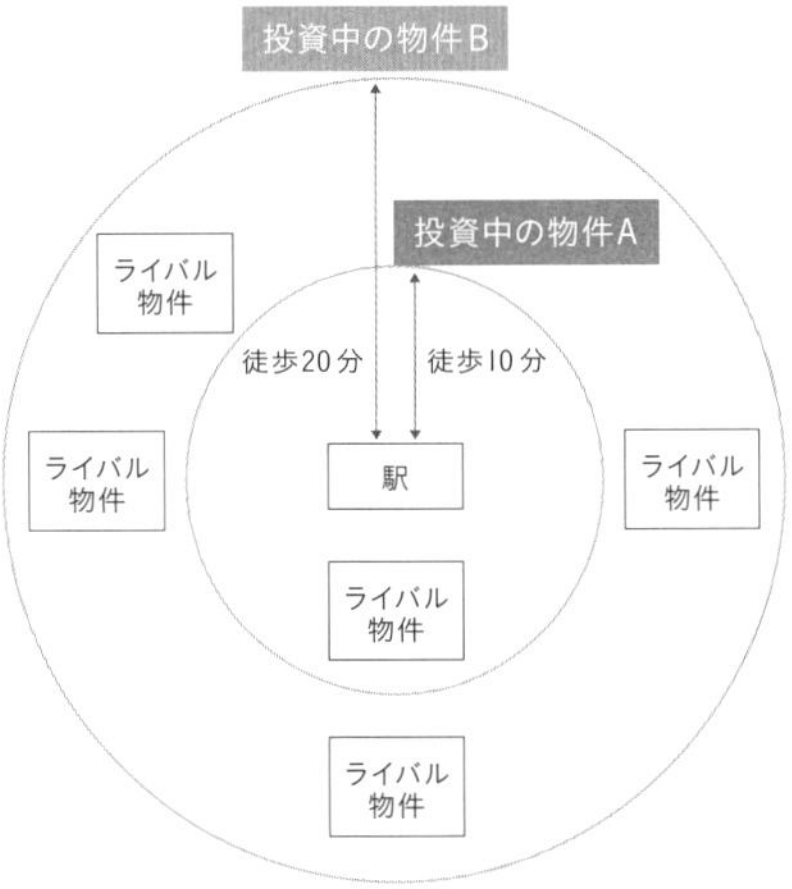

駅からの徒歩分数の差は2倍しかなくてもエリアの面積は4倍になり、その分競合が増える

を購入する」という選択肢が一見良いように思われます。しかし、最近の不動産市況の活性化で新築は価格が高騰しており、不動産会社と交渉してもリーズナブルに購入することは難しいでしょう。この場合、中古区分を検討する選択肢があります。

　区分マンションなら、東京23区内で駅から徒歩10分以内、できれば7分圏内が最も理想的です。なぜ10分圏内かというと、「徒歩で10分以上かかってしまうと稼働率がガクンと下がる」という統計データがあるからです。また、図⑧のように、徒歩10分圏と徒歩20分圏のエリアを比較すると、その面積は4倍になります。その分、競合物件が増えるということです。

あとは生活利便性も問われます。駅からの距離もさることながら、都心まで乗り継ぎなしで行けるか、駅に急行や特急の電車が停まるか、物件近くにスーパーやコンビニなどがあるか。

とくに、区分マンションの多くはワンルームマンションですから、単身世帯のニーズを必ず考えなければいけません。職場までの時間はもちろん、男性なら自炊は少ないでしょうから食事に困らない環境がいいですし、女性であれば、駅近でも夜に人通りが少なく真っ暗になるような場所は避けるでしょう。

ただ、これはあくまで初心者が将来の資産形成を目的としたケースです。

例えば、昔ながらの地主の相続対策ならば、土地の評価が低くて課税評価が下がるような物件があれば、一棟のほうが適しているというケースもあります。みなさんの状況次第で考えましょう。

ポストコロナ時代は、専有面積が20㎡以下の物件を選んではいけない

ワンルームマンションといっても、部屋の広さはさまざまです。最近では共働き世帯をターゲットにした、広めの1LDKなども人気です。いずれにせよ、部屋の広さは資産価値の決め手の1つになります。

ポストコロナ時代は、働き方が多様化しており、テレワークと出社勤務を併用する企業が増えています。職種によっては、一日中部屋で過ごすこともあるでしょう。ファミリー世帯が居住空間とは別に書斎などの仕事用のスペースを求めるように、単身世帯のニーズも変化しつつあります。部屋に対して「寝るスペースがあればいい」という考えから、「作業がしやすいか、暮らしやすいか」という点も住居選びの大事なポイントになってくるでしょう。そのような背景も考慮すると、**最低限の部屋の広**

さ（専有面積）は「20㎡」だと考えています。

例えば同じエリアで、16㎡（約5坪）で家賃5万円（坪1万円）とすれば、26㎡（約8坪）で家賃8万円をとれるかというと、そうとは限りません。6〜7万円になることもよくあります。

投資効率だけ考えれば、専有面積が16㎡のほうを選んでしまいがちですが、実際の部屋は5％ほど小さめになります。風呂とトイレが一緒の空間にあるユニットバスか、シャワールームしかないような部屋が中心になるのです。

最近では、風呂とトイレが別（セパレート）で、少し広めの部屋に住みたいというニーズが高まっていますから、20㎡以下の狭小物件はおすすめできません。部屋は10㎡くらいしかないけど、ロフトを付けて、トータルで20㎡以上にしているアパートも見かけます。こうした物件にどれだけニーズがあるのかを、きちんと見極めましょう。

1981年6月1日以降に建築確認を受けた物件か要チェック

不動産投資のリスクの1つに「地震による倒壊」があります。

2011年の東日本大震災などに見られるように、日本では常に地震リスクがつきまとっています。そのため、ハザードマップを見て、地震で地崩れしそうな地域での投資は避けておくというのも1つの方法です。

こうした地震リスクを回避しようと、1981年に耐震基準が大きく改められて「新耐震基準」が生まれました。それ以前は「震度5程度」の地震に耐えられれば良かったのですが、新耐震基準では「震度6強以上」の地震にも耐えられる構造計算が求められるようになりました。

当然、多くの投資家はここを見ています。旧耐震物件は人気が低く、次の入居者が決まりにくく、何よりも「出口戦略として転売しづらい」からです。

そのため、**建築確認の通知書の発行日が、１９８１年5月31日以前の旧耐震物件はなるべく手をださないほうが無難です。**中には耐震改修して新耐震基準を満たしている物件もあるでしょうから、築年数と耐震強度はしっかり調べましょう。

物件を一度も現地調査せずに購入してはいけない

投資物件を一度も現地調査せずに購入してしまって失敗した人の話も、実際によく聞きます。家電にしても、よほど自信がない限り、家電量販店などで性能を確かめるのが普通だと思います。

不動産は家電より数百倍も高い買い物です。だからこそ、**必ず現地に足を運び自分の目で現況を確認しましょう。**

現地調査でチェックすべきポイントは次ページの図表⑨の通りです。

外から見てすぐわかるのは、建物の傾きや外壁のひび割れの有無でしょう。とくに中古では、塗装がやたら剝げていたり、コンクリート片が落ちていたり、植栽の手入

図表⑨ 現地調査でチェックすべきこと

建物の外観	建物の傾きや外壁のひび割れなど
室内の状況	間取りや水回り設備の状況など
設備の状況	共用部分から見えるエアコンの室外機など
入居偽装の有無	カーテンや洗濯物など生活感があるか
エリアの特徴	賃貸需要や入居者の属性など
満室にする条件	適正家賃や礼金・敷金などの相場
競合物件の状況	似たような物件があれば状況確認
ネガティブ情報	反社会的勢力の有無や事件経歴など

れが雑だったりすると、管理がよくされていないということになり、資産価値が下がる可能性があります。

室内状況は、入居者がいると難しいですが、もし空室があれば仲介業者などに依頼して見せてもらいましょう。

設備についても、共用部からエアコンの室外機や給湯器などは見られますので、型が古すぎないか、傷んでいないかなどを確認しましょう。

入居偽装は、賃貸がつきづらい地方の区分マンションではあり得るでしょう。実際に、地方の中古一棟マンションの販売現場では、不動産会社の担当者が空室の居室にカーテンを付けて、さも賃貸が付いているかのように装って営業活動をしていた事例がありました。そのため、ベランダなども確認して、洗濯物の状況など生活感があるかどうか見ておいたほうがいいです。

現地に行ったら、物件の周辺エリアも歩いてリサーチしましょう。駅から物件まではどのようなお店やルートがあるのか、その他、住みやすさ、安全面、雰囲気を確認してください。さらに地元の不動産会社を訪問し、エリアの特性や周辺の家賃相場の他、似たような競合物件があれば入居状況などもヒアリングします。購入予定の物件に反社会的勢力が入居していないか、過去に自殺などがあった事故物件ではないか、調べられるところまでとことん調べましょう。

入居者のニーズと自身の生活水準は違う

「物件を買ったら部屋をこのように改装したい」という希望が、みなさんにはありますか？

入居者を集めようと思って、高級感のあるクロスに貼り替えたり、最新の設備を導入したとしても、それが必ずしも入居者のニーズと合致しているとは限りません。その費用を家賃に上乗せするのは容易ではありませんし、物件価値が大幅に上がるわけでもありませんから、無駄なコストになりかねません。

家具家電付きにして、家賃を数千円上げる方法もあります。お金のない学生は嬉しいかもしれませんが、最近はデザインや性能が良いものが安く売っていますから、学生よりもお金がある社会人にとっては無用の長物かもしれません。そこにニーズがあるか、投資効果があるかどうかは、近くのマンスリーマンションを調べたり、現地の不動産会社などにヒアリングしてみるといいでしょう。

あと、部屋の外のベランダに洗濯機置き場があるような物件は敬遠されがちですので、そこはよく確認しておきましょう。

もっと詳しく知るためのQ&A③

Q 避けたほうがいい物件の特徴はなんですか？

A

総戸数が少な過ぎる物件は避けた方が良いでしょう。例えば、区分マンションでは、将来、大規模修繕工事を実施するにあたり、管理組合と建物管理会社が修繕内容を決めていきますが、総戸数が20戸を下回る規模ですと、修繕積立金がなかなか貯まらず、必要な修繕ができないリスクが出てきます。逆に100戸を上回る規模ですと築年数が経過した場合、管理の状況次第では、組合員の合意形成を図ることが難しいという状況もあり得ます。

他にも、供給過剰エリアに建てられていないかも確認しておきたいところです。

インターネット上には、エリアごとの空室率を集計している便利なサイトもありますので、検索して活用してみてください。

あとは先ほども述べましたが、事故物件などの怪しげな物件は避けましょう。相場よりかなり安いため手を出したくなる気持ちはわかりますが、事故物件でも構わないという入居者は限られていると思います。

これも事故物件を扱った専門サイトがありますので、ぜひ検索してみてください。

Q 東京の中でもとくに注目しているエリアはありますか？

A

エリア選定は重要ポイントです。主要ターミナル駅の周辺、もしくは主要ターミナル駅まで1本で乗り換えなしに行ける場所が望ましいです。

東京でいえば、JR東日本の1日平均の乗車人員が多いターミナル駅に注目しましょう。多い順に、新宿駅、池袋駅、東京駅、品川駅、渋谷駅、秋葉原駅、上野駅などが挙げられます。このあたりにはオフィスや商業施設が集中しており、都市機能の中核を担っています。そのため、賃貸需要が非常に高く、今後もしばらく需要が下がることはないでしょう。

また、ピンポイントにこれらのターミナル駅、例えば秋葉原駅の物件を探す、というのも良いのですが、あえて狙い目の駅として、秋葉原駅の隣駅である浅草橋駅や近隣の岩本町駅周辺の物件を探す、という選択肢を持って物件を探せると良いかもしれません。池袋駅でいえば、副都心線で隣駅の要町や3つ隣の小竹向原駅も有望です。

上野駅でいえば、日比谷線で隣駅の入谷駅も有望です。上野駅に住みたいと考えている入居予定者が、賃貸仲介店舗を訪問して上野駅の家賃の相場を知り、隣の駅をおすすめされるということは現場でよくあることです。その駅を名指しして物件を探す、というほど駅の知名度は高くありませんが、賃貸仲介の営業マンが誘導することで、初めて紹介された駅に行ってみて気に入ってそのまま長く住み続けるというケースも多いのです。

5章

誰も教えてくれない！
成功する買付・融資の方法

良い物件があったら買付しよう

買いたい物件を決めたら「買付証明書」という書類に署名、押印して、売り主の不動産会社やオーナーにその書類が届けば、購入の申し込みをしたことになります。

一連の流れを次ページの図表⑩にまとめましたので、確認してください。

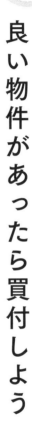

インターネットなどに載っている物件価格（売り出し価格）が3000万円とすれば、購入希望価格はそれよりも低い2900万円という指値で買付証明書に書くこともできます。

ただし、良い物件になるほど購入希望者が多く競合するため、別の人が3000万円と書いていれば負けてしまいます。どうしてもほしければ、売り出し価格のままのほうがいいですし、たまたま指値が通ればいいかなという気持ちなら少し低めに希望

図表⑩ 契約までの流れ

STEP1	レントロールなどの確認
STEP2	重要事項に関わる調査報告書の確認
STEP3	買付の申し込み
STEP4	売買契約の準備
STEP5	売買契約
STEP6	金融機関選び
STEP7	残金決済前準備
STEP8	残金決算、物件引渡し

価格を出すのもありでしょう。

その物件が売りに出されたばかりなら、指値が通りにくいかもしれませんし、ずっと売れ残っているなら、指値が通りやすいかもしれません。過去に値下げしたことがあるかどうかも、その物件を扱っている不動産仲介会社などに確認しておきましょう。

ちなみに指値の範囲は、だいたい売り出し価格の1割以内がいいようです。

もし競合が多くて、自分が3番手になったとしましょう。そのとき1番手が確実に買えるかというと、そうとは限りません。とりあえず希望を出しただけで、購入までに必要なお金が準備できないこともあります。そうなると2番手に移りますが、その人の融資審査が通らない可能性もあります。

すると3番手のあなたにチャンスが回ってきます。どうしてもほしい物件なら、結論が出るまではあきらめずに待ちましょう。

どうしてもその物件を買いたくて、資金力が豊富なら、現金一括での購入が一番です。売り主としても、融資が通らずキャンセルになるといった余計な心配をしなくていいので、優先的に交渉してくれる可能性が高くなります。

ただし、不動産投資は融資を活用して物件を購入できるという「レバレッジ効果」が魅力なので、現金一括購入の際はそれ以上のメリットがあるかどうかを考えましょう。

融資を受ける際に必ず確認しておくべきポイント

金融機関から融資を受けるためには、その物件にどれだけ担保価値があるかが重要になります。**担保価値は、十分な家賃収入が得られるかどうかが判断基準の1つとされています。**

なぜなら十分な家賃収入を得られなければ、借り手が債務を返済できず、金融機関がお金を回収できなくなる（不良債権化する）可能性があるからです。バブル崩壊のときも、多くの不動産に対する融資が焦げ付き、不良債権化しました。

「かぼちゃの馬車・スルガ銀行事件」以前は、フルローンというかたちで、自己資金があまりなくても融資を受けられるケースがありました。最近では、諸経費まで含めたオーバーローンというものもありました。これらは、どちらかといえば資金力が低い人向けです。

しかし昨今では、一般的に、提携関係のある金融機関からの融資を除いて、購入予定の物件価格の10％程度の自己資金を拠出することができるかが融資条件の１つとして求められています。

では、金融機関が融資してくれる物件とはどのようなものでしょうか。立地条件が良く、設備も整っていて、中長期的に家賃収入が見込める。そのような物件なら収益が見込まれるので金融機関の評価が高くなります。

現在の市況では、金融機関によっても変わってきますが、概ね金融機関の掛け目（担保物件としての評価の比率）が80％あれば、比較的担保価値はあると考えていいでしょう。

例えば、物件の販売価格が３０００万円だとして、金融機関が80％の掛け目であると評価（査定）した場合には、２４００万円の融資がおりることになります。

しかし、それが60％とか70％の掛け目ならば、その物件を買って本当に大丈夫か？　相場より高すぎないか？　という話になってくるわけです。掛け目が少ないと収益性が低い可能性があるので、「物件の担保価値は金融機関の掛け目が80％あるかないか」を1つの判断基準にしてみましょう。

初心者で、将来的に区分マンションをいくつか持ちたいと考えているなら、最初の物件をいくらで買うか、その際にどのくらいの融資を受けるかが重要になります。**最初に高額融資を受けて高い買い物をしてしまうと、次の物件を買うことができなくなる**からです。自身の融資限度額を把握したうえでの投資戦略が必要になります。

また、金利にも注意しなければなりません。

不動産会社によっては、提携している金融機関が1～2行しかないこともあります。こうしたところは金利が高い可能性もあるので、「そういうものか」と思い込んで高金利の融資を受けてしまうと、のちのちキャッシュフローが赤字になり、苦しむ恐れがあります。

適切な金融機関選びをしなければ、別の不動産会社から2件目、3件目と購入していこうとしたとき、金融機関から追加融資を受けられないことがあるので注意しておきましょう。

融資交渉のため金融機関を自分でイチから探す人もいるかもしれませんが、これまで付き合いのある金融機関でもない限り、飛び込み訪問ではいい条件での融資はあまり期待できません。不動産会社の紹介などがあったほうがいいと思います。

また、東京にいながら地方の物件を買いたいと思って、東京の不動産会社を通じて検討する場合、その不動産会社が地方銀行と取引があるほうが望ましいです。なぜなら、地方銀行のほうが地元の状況に詳しいですし、貸し出し先を常に探していますから、金利交渉を有利に進めてくれる可能性があるからです。

数千万円の借金・融資をどう考えるか

不動産価格は、他の金融商品と比較すれば高い傾向にあります。毎年200万円貯金できる人でも、物件価格が3000万円なら、貯めるのに15年かかります。サラリーマン投資家であればなおさら、3000万円を現金で準備するのは難しいでしょう。

そこで頭金300万円を貯めて、残り2700万円を融資でまかなうことになりますが、これを単なる「借金」と考えれば気が重くなるのはわかります。高級車で数台分、場合によってはマイホームすら買える金額ですから。

といっても、その返済資金は毎月の家賃収入でまかなえます。つまり、家賃収入ー（融資返済＋運営経費＋空室損失）＝手元に残るお金（キャッシュフロー）とざっくり考えて、それがいくらになりそうか数字で考えてみましょう。

そうすると、少なくともキャッシュフローが黒字なら「家賃収入額＞融資返済額」になるはずですから、実際の負担はそこまで大きくなりません。

富裕層といわれる多くの人たちは、このような考え方で積極的に借金して不動産投資をしています。「借りたもの勝ち」「低金利の今、資産を築けないなら負け組になる」と考える富裕層もいます。

不動産投資をはじめる際には、こうした気持ちの切り替えも大切です。

固定金利と変動金利、どちらがいいのか

昨今、不動産価格は高騰し続けていますが、金利自体は低くなっており、現金で物件を購入するのではなく、融資を引くのであれば不動産投資には最適な環境といえるでしょう。

結論としては、大幅な金利上昇リスクがないと考えるなら「変動金利」がおすすめです。一方、「固定金利」は変動金利よりも金利が割高になります。その差は、金融機関や条件によって異なるので一概にはいえませんが、1％以上高いこともあります。

なぜなら、固定金利は金融機関がリスクを取るものだからです。ただ、現在の不動産市況では金融機関はリスクを取りたがらない状況です。

しかし、変動金利では金利が急騰する可能性もあり、その場合は投資家がリスクを

負うことになります。

固定金利にしても、変動金利にしても、どちらにもリスクはあります。未来の金利がどうなっているかは誰にもわかりません。

どちらを選ぶにせよ、手元に現金などの流動資産を持っておき、金利が上がったら元金を早めに返済していけるようリスクヘッジをしておくことが大事です。

また、すでに投資している人で昔に受けた融資だと、融資ローンよりも金利が高いことがあります。そうしたときは、**より低金利の他の金融機関に乗り換える「借り換え」をすれば、トータルのキャッシュフローが改善されることもあります。**

金利ももちろんですが、融資期間も重要です。なぜなら、毎月のキャッシュフローに影響するからです。

基本的に、**融資期間は長ければ長いほどいい**です。それだけ毎月の返済額が少なくて済むため、より多くのキャッシュフローが生まれるからです。

なお、融資期間を「前倒し」して返済するのは可能ですが（手数料がかかるケースもあるので注意が必要）、期限を途中で「延長」することはできません。

医師・サラリーマン・個人事業主で融資はどう違うのか

職業によって「融資の受けやすさ」が違ってきます。とくに医師や公務員は、他の職業よりも融資を受けやすい傾向にあります。なぜなら、医師は高収入ですし、公務員は身分が安定しているからです。「お医者さんのための不動産投資」「公務員のための不動産投資」など、専門職に特化した不動産会社もあるくらいです。

同じ公務員でも、年収が多いほど融資を受けやすくなります。ただ、公務員には「副業禁止規程」があります。不動産経営が副業にあたらないかどうか、注意しなければいけません。例えば、「家賃収入が５００万円を超えたらいけないのではないか」と心配する人もいますが、その程度ならまず問題はありません。とはいえ、保有戸数・棟数が多くなって多額の家賃収入を得るような事業規模にまで拡大したら、もはや副業とはいえません。

弁護士は、ひと昔前までは年収が高い職業として有名でしたが、現在はそうでもありません。医師と比較すると、信用力は低いといわざるを得ないでしょう。ただ、高年収だったり、世間で「5大法律事務所」と呼ばれる5つの大手法律事務所に所属しているようなら信用力が高くなり、融資を受けやすい傾向にあります。

サラリーマンなら、会社の知名度や規模で差が出てきます。とくに上場企業のサラリーマンは融資を受けやすく、年収500万円くらいでも年収の5~8倍程度まで融資枠がある可能性があります。

逆に中小企業の経営者などのほうが、属性としては低く見られるケースがあります。年収1000万円の経営者よりも年収500万円の会社員のほうが属性がいい、ということです。ここに**「サラリーマン投資家であることの優位性」**があります。

融資を受けるにあたって大切なことは、融資審査が進んで金融機関から電話がかかってきたとき、すぐに回答できる状態を作っておくことです。いつ電話がかかってきても、即座にきちんと対応できれば、金融機関の担当者に好印象を持ってもらえます。

年収と融資の受けやすさは、関係があるのか

サラリーマン投資家の場合、高年収に越したことはありませんが、融資条件はそれだけではありません。会社の知名度や規模なども基準になります。

一般的には、中小企業よりも東証上場企業に勤務する会社員の方が融資を受けやすく、さらにいえば、東証グロース市場やスタンダード市場に上場している企業よりも、東証プライム市場に上場している企業に勤務する会社員の方が融資を受けやすい傾向があります。

また、どれだけの金融資産を持っているのかも重要です。金融機関は、定期預金や普通預金などの流動資産の有無も見ています。他にも生命保険や有価証券などもあれば審査で加点材料となります。

なぜこれらの資産が重要なのか。それは「自己資金をどれだけ入れられるか」につながるからです。

例えば、年収900万円で自己資金3000万円のAさんと、年収1500万円で自己資金500万円のBさんがいるとしましょう。この場合、融資条件はどちらが有利でしょうか？　実は、Aさんのほうが自己資金をたくさん入れられるため有利です。とくに、複数の物件を買い進めていくケースであれば、あとに行けば行くほど、金融機関からは自己資金を求められます。

サラリーマンなら、同じ会社に最低でも2年、できれば3年以上勤務していることが条件になります。また、返済が遅延しているローンがあると不利になります。住宅ローンはもちろん、カードローンなども含まれます。見落としがちなのがクレジットカードの支払いの遅延で、ここも厳しく審査されるので要注意です。

金融機関からすれば信用第一ですから、融資交渉するときは、できればスーツで出かけましょう。ヒアリングの際、金融機関はみなさんの仕事や私生活について、会話の中で観察しています。発言の仕方や内容には十分気を付けてください。

金融機関選びは、不動産会社任せにしてはいけない

最初にどの金融機関から融資を受けるのか。これも重要なポイントです。

いきなりノンバンクなどから高金利の融資を受けてしまうと、あとからリカバリーが難しくなります。**最初の融資は、なるべくメガバンクや信託銀行などで、低金利の取引をするのがいいでしょう。その次は地方銀行、信用金庫です。ノンバンクはそのあとです。**

なお、低金利で融資を受けたいなら、融資条件に詳しい不動産会社に相談すれば「あの地方銀行は融資に積極的です」「この信用金庫は支店長が変わってやりにくくなりました」など、いろいろとアドバイスしてくれます。

いざ交渉の段になっても、1行だけで決めず、できるだけ複数行の話を聞きましょ

う。金融機関によって、預金額が少なくても高年収なら貸す、預金額が多くても低年収なら貸さないなど、さまざまな考え方があります。

引っ越しなどでも相見積もりをとって、より安いところに依頼するのが当たり前ですが、銀行は長いお付き合いになる可能性が高いですから、より良い条件で自分と相性がいいところを探す努力を惜しんではいけません。

フルローンではじめるのは危険なのか

頭金をほとんど使わず、ほぼすべてを金融機関からの借入金でまかなうのが「フルローン」です。

一見、フルローンで物件を購入することができる、というのは魅力的な話に聞こえます。金融機関によっては、特に区分マンションでフルローン融資は受けやすいでしょう。

そもそもフルローンは、物件に十分な担保余力があり、融資申請者の属性に問題がなければ融資してもらえる、という性質のものです。ですからフルローンができるに越したことはありませんが、**最初から多く借りるということは、その分だけあとで多く返済することになりますから、気を付けなければいけません。**

金融機関の借り入れによるレバレッジ効果というのは、不動産投資でしかできない醍醐味であり、他の金融商品にはない優位性です。とはいえ、フルローンにすると返済がきつくなるので、自己資金はある程度入れたほうがいいです。

自己資金の目安となるのは物件価格の5％です。2000万円の区分マンションなら100万円以上は準備しましょう。物件購入の際は、物件価格とは別に、最大で物件価格の7〜8％くらいは諸費用が必要になりますので、そのお金も準備しておきましょう。

金融機関からの融資は、あくまで借金です。それを忘れて、キャッシュフローを収益と勘違いして「すべて使ってしまう」と失敗します。

融資された借金を返済していきながら、毎月の家賃収入で少しずつ資産が形成されていく、というのが不動産投資の性質です。あくまで長期スパンで考えて、お金を大事にしながら少しずつ資産を増やしていくのがいいと思います。

もし自己資金が少ないという理由でフルローンにした場合には、一定のリスクは想定する必要があります。なぜなら、数年経過したあとに、急な出費をしなければいけなくなった場合、普段の生活に影響することがあり得るからです。仮にフルローンで融資を受けるにしても、とくに一棟物件を運営していく場合には、修繕費用や税金などに充てられる資金を貯めておく必要があります。

金融機関との交渉はどうすればいいのか

これは端的にいえば「金融機関にとっていいお客様になることを伝える」、つまりこの取引にはメリットがあるとアピールすることです。

そのためにも、金融機関に対しては、物件の資産価値があること、みなさん自身の返済能力が十分であることをアピールしましょう。もちろん、不動産会社もある程度はサポートしてくれますが、自分自身がきちんと事業の可能性を説明できなければなりません。

金融機関からの質問にほとんど答えられない場合、印象が悪くなります。交渉は勝負の場です。融資を勝ち取りたいのであれば、金融機関に信用されることが重要です。

融資の審査にあたっては、**自分の信用情報をきちんと把握しておくことも重要です。**

先日、大企業に所属している方が、融資審査に通らないケースがありました。こうしたときに考えられることがいくつかあります。例えば、海外旅行に行ったときにクレジットカードで買い物をしてその残金があることを知らなかった、もしくは、１５００円、５０００円などわずかな滞納金があったのを本人が知らなかった、というケースです。

そのようなことがあれば、金融機関から信用されず、融資を受けにくくなります。読者のみなさんも気付いていない滞納があるかもしれませんから、融資申請の前に自分の信用情報をしっかり確認しておきましょう。

信用情報は、株式会社日本信用情報機構（ＪＩＣＣ）、株式会社シー・アイ・シー（ＣＩＣ）、全国銀行個人信用情報センターなどの機関で確認できます。窓口で身分証明書を提示して、利用料を払えば、登録されている自分の情報を知ることができます。

なお、金融機関に投資家がプレゼンテーションするのは、一棟買いのように不動産投資をかなり大規模にするケースが多いです。区分マンションであれば、不動産会社と金融機関がパッケージになっていることが多いため、そのような機会はあまりありません。

それでも金融機関からの質問はありますから、きちんと答えられるように、自分の状況を正確に把握しておきましょう。

通常、融資のアレンジは、不動産会社の専門担当者が手続きしてくれます。そのため、その人がプロとして金融機関との交渉能力があるかどうかを見極めなければいけません。

決まったメニューやプランを選択するのではなく、投資家のみなさんがどのような目的で不動産投資をしようとしているのか、いくら融資がほしいのかなど、きちんと先方に伝えてもらいましょう。

ときには、みなさん自身が金融機関と直接交渉して申し込むことも必要です。

そこで融資担当者から「なぜ物件がほしいのですか」と聞かれて「将来が不安なので、個人年金を作りたいと思ったから」と答えるだけではダメです。将来のビジョンを前提に、賃貸不動産経営を通じて、このタイミングでこれだけ資産を増やし、物件に住む入居者の役に立つ経営をしていきたい。そうしたストーリーを語れることが大事です。

また、複数の物件の所有を目指すのであれば、ストーリーの他、しっかりと収支シミュレーションがされていない限り満足のいく融資はおりないでしょう。

投資家のみなさんと不動産会社の担当者がしっかり認識を共有してから、金融機関の審査部と交渉する必要があります。

また、金融機関は間に入っている不動産会社を重要視します。繰り返しになりますが、できる不動産会社ほど金融機関からの信頼も厚く、取引金融機関も多いです。融資を通しやすくするためには、やはり「どの不動産会社から物件を購入するか」ということが大切なのです。

Q 転職が融資に影響するという噂を聞きましたが、真実でしょうか？

A

サラリーマンなら、勤続年数は融資の基準となるので大事です。最低でも2年、できれば3年以上の勤務実績がほしいところです。

それを前提として、金融機関は、その転職がキャリアアップにつながっているかどうかを見ます。転職で年収がダウンしたとしても、企業規模が前の企業より大きくなっていれば、融資審査で有利に働く可能性があります。

また、転職前と同じ業界にいるのか、仕事内容に一貫性があるのかなど、**キャリアアップの「ストーリー」が明確であればより有利です。**課長や部長などの役職があるに越したことはありませんが、それよりも背景にある企業の規模や安定性で評価されます。

転職してからも、最低2年間はその勤務先で実績を作りましょう。そうでないと、この先も転職を繰り返すのではないかと金融機関は考えてしまうためです。勤続年数は融資を受ける際の大事なポイントですから、転職を短期間で繰り返すようではいけません。

では、転職前に不動産投資をはじめたほうがいいのでしょうか。

転職後に融資を受けにくくなるから、その前に不動産投資をしておくというのはおすすめできません。しかし、転職の問題以前に、不動産投資はなるべく早めにはじめたほうが有利です。なぜなら、そのほうが投資期間を長くとることができるため、最終的な収益に差が出てくるからです。

ちなみに融資を受けるときは、ローンの完済年齢に注意しましょう。

例えば、完済年齢が75歳なのか、79歳なのか、83歳なのか。一般的に、金融機関が設定する融資期間は30～35年程度ですから、完済年齢は80歳前後のケースが多いようです。最近では「45年ローン」という商品も出てきました。

あるとき、区分マンションを販売している不動産会社の営業マンが、このようなことをいっていました。

「25歳から45歳まででないと、融資を受けるのは難しい」

これはあくまで一般論です。住宅ローンを完済したマイホームを持っているといった資産の状況や、職業などの属性により、50歳以上の人でも融資がおりるケースはあります。

Q 既婚か未婚かで融資に影響があると聞きましたが……

A
既婚・未婚あるいは男・女の性別は、本来融資には関係ありません。ただし、金融機関によっては多少影響するところもあります。
むしろ金融機関としては、その人に「貯蓄体質」があるかどうかを見ます。
また、**連帯保証人をとれるかどうかでも大きく違ってきます。**とくに一棟物件の場合、個人で融資を受ける場合は、配偶者が連帯保証人として求められます。ご主人ならば奥さんが、奥さんならばご主人です。

配偶者を連帯保証人にするよう要求されますから、それに応じられれば、同じような資産背景でも既婚者のほうが未婚者よりも有利ということになります。

未婚者だと、親・兄弟が連帯保証人になるケースが多いでしょう。連帯保証人がしっかりしている人なら、融資が大きく不利になるということはほとんどありません。

既婚者だと、連帯保証人として配偶者を要求されますが、それは配偶者の資力に期待しているからではありません。金融機関としては、ご主人が亡くなったとき、奥さんにその後の管理をきちんと引き継いでほしいという期待をこめて、連帯保証人を求めているのです。

借入金額が多すぎると、配偶者が連帯保証人になるのを嫌がるケースもあります。その場合は資産管理法人を設立するといいでしょう。投資した不動産を、個人ではなく法人名義で所有して管理できます。つまり、投資家が資産管理法人の社長として連帯保証人となり、法人として融資を受けるわけです。

既婚者の場合は、家族が納得しているかどうかが大事です。不動産投資のことを秘密にせず、配偶者に話をして協力を仰ぎましょう。

区分マンションを複数所有したり、一棟物件を持ったりすると、大家業のほうが忙しくなります。対処のために土日・祝日がつぶれてしまうこともあります。そうすると、家族とのコミュニケーションにも支障が出てくるかもしれません。

そのとき家庭内トラブルにならないよう、不動産投資が家族にとってどのようなメリットがあるのか、きちんと配偶者に伝えて理解を得ることが重要です。

Q 本気でやるなら法人（プライベートカンパニー）化したほうがいいというのは本当ですか？

A

区分マンションを2～3戸持つ程度なら、法人化する必要はありません。なぜなら、設立コストとランニングコストがかかりますので、法人化するメリットを経費が上回ってしまうからです。

もしみなさんが、将来、複数の一棟物件を購入する、あるいは、今は区分所有しかないけど今後は一棟物件を買いたいといった方針なら、早めに法人化したほうがいいです。個人融資を法人に移そうとすると、非常に手間がかかるからです。

法人化の最大のメリットは、経費にできるものが多くなるため節税メリットが出てくるという点です。また、親から子供に不動産を相続する「事業承継」を考えるときも有利になります。

法人化のメリットの有無は、最終的な費用対効果を見極めることが重要です。

個人で所有すれば所得税がかかりますが、所得税は累進課税です。給与所得の高い人が複数の物件を購入して家賃収入を得れば、課税所得が上がり、所得税はその分高くなります。それに対して法人税は税率が一定です。ですから金額が高い物件ほど、法人所有のほうがいいわけです。

個人のままでいくのか、法人を設立したほうがメリットがあるのかを判断するには、将来自身が目指したい投資規模をイメージしたうえで、不動産投資に精通している税理士に相談をすると良いでしょう。

相談先を選ぶときは、できれば自分でも不動産投資をしている税理士がおすすめです。

融資という観点で見れば、法人化すれば融資が受けやすくなるわけではありません。そもそも金融機関は、法人の信用に対して融資するわけではありません。設立直後の法人には何の実績もありませんから、法人を設立したところで単なる器にすぎないからです。金融機関は、あくまで個人の信用を前提に審査します。

では、実際に法人化するなら、株式会社のほうがいいのでしょうか。

「株式会社の代表取締役」という肩書をどうしても使いたいなら話は別ですが、不動産を保有するだけなら「合同会社」を選びましょう。設立コストが安く済みますし、ランニングコストも勘案すれば、やはり合同会社のほうに軍配が上がります。

合同会社なら、株式会社のように、利益が出たとき出資金額に比例して株主に利益配分する必要もありませんし、子供を出資者にしておけば事業承継も楽になります。

Q 法人化——プライベートカンパニーを設立する際に気を付けるべきことはなんですか？

A

個人での不動産経営なら、家賃収入は直接みなさんの手に入りますが、法人の場合は、法人を1回経由してから家賃収入を得るかたちになります。

家賃収入が一定の規模を超えたら、法人を経由したほうが税金は安くなります。判断するにあたっては、税理士にしっかり相談しましょう。

次に法人の経費について考えてみましょう。

メインになるのは「役員報酬」です。そのため、役員報酬をどうするかが重要なポイントです。

例えば、ご主人か奥さんが働いていない場合は、収入がない配偶者に役員報酬を払いましょう。そうすれば、家賃収入の所得が分散されるかたちになり、節税できます。

法人設立から一定期間が経過すれば、融資を受けるときに金融機関へ確定申告書を提出します。このとき、正しく申告して、きちんと納税しておかなければなりません。

法人の確定申告のとき、個人の交際費を法人の交際費にしていたり、必要以上に飲食費が多かったり、個人としての支出を法人につけたりするなど、公私混同だけはしないようにしましょう。金融機関はそのようなことがないかどうかを厳しくチェックしています。家賃収入しかない法人なのに、お金の使い方がおかしい、経費を使いすぎているのではないか、利益が出ていないのに健全な財務体質ではない。こうしたケースでは融資がおりないこともあるのです。

法人に対する融資は、金融機関によって条件が違います。金利、融資期間、融資割合（物件に対してどれだけ融資してくれるか）、返済比率（家賃収入に対する返済の割合）もそうですが、検討物件はその金融機関が評価したエリアにあるのかどうか、その物件をどう評価するのか、繰上返済はできるのか、連帯保証人は必要か。

最低限、こうしたことをきちんと確認してから話を進めましょう。

そもそも法人に融資してくれるのかどうか。ここも確認しなければなりません。物件はおさえたのに「法人には融資しないといわれて物件が流れてしまった」という事態に陥りかねないからです。

なお、法人設立時に事業内容などを定める「定款」に注意しましょう。

定款に「飲食店の運営」「セミナーの運営」など、さまざまな事業を書いてしまうと、金融機関からの信用が低下して融資されないケースがあります。

「この法人は投資用不動産を購入したはいいが、家賃収入が他事業の収入と一緒くたになっているのではないか。はたして元金をきちんと返してくれるのだろうか」と、リスクを感じさせてしまうからです。

そのため、**定款にはシンプルに「不動産の賃貸」とだけ書いておきましょう。**

金融機関は、この不動産会社が作った物件は資産価値がある、この会社はあまり信用できないと、常日頃から見極めています。不動産会社から物件を購入するときは金融機関とセットになっているケースが多いため、融資交渉はスムーズに進みます。

ただしそれは、「融資がついたから自分あるいは新設法人に信用がついた」という意味ではありません。たまたまセットになっていた売り主の不動産会社に信用があったという話に過ぎないのです。

Q

「1物件・1法人・1金融機関スキーム」は危険ですか？

A

複数物件を持つ人が、それぞれの物件に対して別々の法人を設立し、別々の金融機関から融資を受けるというスキームが以前横行したことがあります。いわゆる「1物件・1法人・1金融機関スキーム」ですが、これは非常に危険です。

このスキームでは、1つの物件を購入するのに、1つの法人を設立して、1つの金融機関から融資を受けます。次に物件を購入するときは、また新しく別法人を作り、前回とは違う金融機関から融資を受けるという方法です。

金融機関には、それまで購入していた物件の所在や法人の存在を隠したままにして回していくのですから、危険極まりないです。

ある銀行が、融資先の法人の謄本を取ってみると、同じ代表者名で同じ住所に別の会社がいくつも登記されていたというケースがあります。

このようなスキームを活用していれば、一般的に融資可能な金額枠を超過しているということもあります。また金融機関から、明らかに契約違反だということで一括返済を求められる可能性が高くなります。

返済のためには物件を売却しなければならないわけですが、仮に残債が1億円あるにもかかわらず5000万円でしか売れなければ、残り5000万円が債務として残ってしまいます。

このように自己破産する危険さえあるのにもかかわらず、法人の存在を隠して金融機関に融資を申し込む投資家がいまだにいます。そういう投資方法をすすめる投資家や不動産会社が存在することも事実です。

「1物件・1法人・1金融機関スキーム」がすべて悪い、というわけではありません。法人の存在を隠し、金融機関に対して何もいわずに物件を増やそうとすることが許されないのです。「この物件を、この金額で、この法人で、私が代表になって買っていきます」と金融機関に正直に開示して物件を増やしていくのであれば、何ら問題ありません。

できるだけ多くの融資を受けるために、金融機関に黙って行う「1物件・1法人・1金融機関スキーム」は明らかに違法です。自己破産を招くような投資ではなく、自身でできる範囲の不動産投資をすべきです。

6章

価値を下げない、マンション経営のポイント

どうすれば満室を維持することができるのか

不動産投資は、何よりも「満室をいかに維持することができるか」が最重要で成否の分かれ目になります。

都心の物件を買えればいいのですが、中には地方で投資を考えているサラリーマン投資家もいるでしょう。その際にライバルとなるのは、同じサラリーマン投資家ではなく、代々賃貸経営を受け継いでいるような地元の地主や資産家たちです。

彼らは潤沢な資産を持っていますから、キャッシュフロー目的というより、節税目的が多い。ですから、家賃収入などそこまで気にしておらず、相場よりも安いこともあります。

言い換えれば、事業としては真剣にやっていない人もたくさんいるのです。だからこそ、サラリーマン投資家にも勝機があります。

満室にするためには「家賃設定」「リフォーム」「広告料」「敷金・礼金」の4つをうまくコントロールすることが求められます。

競合が多いエリアであれば、相場より低めで家賃設定したほうがいいこともあります。何よりも怖いのは「空室リスク」です。空室は収入がゼロになるため、空室期間がなくなる努力をする必要があります。

入居者は、入居前に部屋の中を見ますから、リフォームでなるべくきれいにしておくことも大事です。といっても、コストをかけすぎてもムダになりますから、バランスを考えましょう。

広告料とは、物件紹介の優先順位を上げるために不動産仲介会社に支払う料金です。家賃の1〜2カ月分が相場ですが、これも物件の空室期間を見ながら検討してみてください。最近では「敷金ゼロ・礼金ゼロ」という物件も増えてきました。インターネット接続料もオーナー負担という物件すらあります。稼働率を上げるためには、さまざまな工夫が必要です。

管理会社の選び方、関わり方

都心に住んでいる投資家が、都心の物件を買って、都心の管理会社に委託するなら、コミュニケーションを密にとれますし、自分で物件も見に行けます。

しかし、地方郊外の物件を買うなら、管理会社にほとんど任せきりとなり、かつコミュニケーションもとりづらくなります。

だからこそ、親身になってくれる管理会社を探すのが大事です。区分マンションであれば、一般的には物件を販売する不動産会社が賃貸管理をセットで提案するケースが多いでしょう。不動産会社は販売後の賃貸管理の契約を付けることにより、管理収益という安定した収益基盤を築くことを企図しています。

このときは誰かから紹介してもらうのが確実です。地元の不動産会社、金融機関、地元有力者など誰でも構いません。

また、地元で開かれるセミナーにいけば、別の地元オーナーが来ていることもありますから、そこでどの管理会社を使っているか、仕事ぶりはどうかなど情報収集してみましょう。

ネットで探すなら、問い合わせるとき、実際に何戸管理しているのか、管理物件の稼働率はどのくらいか、現地の巡回回数や報告の仕方、管理手数料はいくらかなど、具体的に聞いてみましょう。しっかり教えてくれるなら安心できますし、情報が少ないようなところなら取引はやめておきましょう。

リフォームをいつどのタイミングで行うべきか

設備が古くなったり、壁紙などが最近のトレンドと合わなくなってきたり、リフォームのタイミングはさまざまかと思います。

まずは入居者のターゲットを絞ってみましょう。女性のニーズが高ければ、おしゃれな壁紙や照明にして、水回りもきれいにしたほうが、稼働率は高くなるかもしれません。男性が多ければ、そこまで内装にこだわらなくても稼働率はあまり変わらないかもしれません。

リフォーム業者も、地元の優良工務店を探せれば一番いいのですが、すぐには見つからないでしょう。その際、不動産投資に詳しい知人や不動産会社から紹介してもらうのも良いでしょう。

家賃保証会社、保険会社について

大半の入居者は家賃をきちんと払ってくれますが、属性次第では何カ月も未納になったりするケースもあります。そうなると、入居者を退去させる訴訟を起こす羽目になりますが、かなり手間とコストがかかります。

家賃滞納リスクをゼロにするのは至難の業です。滞納家賃をオーナーが直接取り立てにいくとトラブルしか生みませんから、管理会社に頼むか、家賃保証会社の利用も考えましょう。

家賃保証会社とは、滞納された家賃を入居者の代わりに立て替えてくれる会社です。連帯保証人を立てるよりも、家賃を回収できるケースが多いです。

保証料は月額家賃の30～100%まで幅があります。実際に家賃の滞納が発生した際、どのくらいまで家賃が保証されるのか、家賃保証会社の経営状況などは最低限確認したいところです。家賃滞納リスクと費用対効果を検証したうえで、必要かどうか判断しましょう。

先述した通り、「サブリース」という方法もありますが、最近はこの制度をめぐるトラブルが頻発しているので要注意です。

サブリースによるトラブルを未然に防ぐため、2021年6月15日、「賃貸住宅の管理業務等の適正化に関する法律」（通称 賃貸住宅管理業法）が施行されました。物件を一括で借り上げて入居者へ賃貸する「サブリース」に対する規制が強化されました。また、投資家・不動産オーナーから受託して物件を管理する「賃貸住宅管理業者」に対する規制も強化されました。「サブリース事業に係る適正な業務のためのガイドライン」も策定されています。

いずれにせよ、契約内容をしっかり把握し、とくに家賃下落リスクには留意しなければなりません。

マンション経営の経費を削減する方法

不動産投資＝賃貸経営ですが、経営としては収益計算がシンプルです。家賃収入から経費を引いた手元に残るお金が利益になります。

といっても、3章で触れた通り、経費には、管理費、修繕積立金、管理会社に払うPMフィー、固定資産税、保険料などさまざまなものがあります。税金を削ることはできないため、ここの経費を削減するならば、管理会社に払うPMフィーと保険料の2つだけになります。

PMフィーは、売り主の不動産会社が管理もしていれば、もう少し値下げできないか交渉の余地はあると思います。不動産会社と管理会社が別で、管理会社のサービスが不満で変えたい場合にはタイミングが大事です。

入居者がいる状態で変えたいと思っても、前オーナーからの引き継ぎを優先させるため、なるべく売買契約から数カ月は変えないほうがいいです。購入段階で空室なら、購入時に変更もできますが、とくに不満がなければ今の管理会社との付き合いを深めて、タイミングを見計らって価格交渉してみるのも手です。

といっても、区分マンションなら1戸あたりのＰＭフィーはそれほど高くありません。とくに管理に問題がなければ、無理して考えなくてもいいでしょう。管理費の観点から管理会社をどうするか真剣に検討したほうがいいのは一棟物件のケースが多いです。

保険料については、最低限必要な火災保険などは加入し、あとはハザードマップでエリア環境を確認しながら、地震保険など適したものを選ぶようにしましょう。

出口戦略の考え方とは

不動産投資の収入には「インカムゲイン」と「キャピタルゲイン」の2つがあることは、ここまででご理解いただいていると思います。

ここでいう「出口戦略」とは、キャピタルゲインのことです。

もちろん、サラリーマン投資家はプロ投資家ではありませんから、短期の売買差益よりも長期の家賃収入による利益を追求したほうがいいです。減価償却をうまく活用しながら、少なくとも10年間は保有することを推奨します。

ただ、どのような投資にも入口と出口がありますから、どこかのタイミングで売却しなければならない局面が出てくるでしょう。

売りたいときに、より高く売れるか。これは当たり前のことですが、とても重要なことです。なぜなら、**高く売れる環境を作るということは、結果的に資産価値の向上につながるからです。**

高く売れるかどうかは、立地と購入後の管理に大きく左右されます。

立地は、まさに入口の段階で決まってしまいます。地方の畑だった空き地などに税金対策でアパートを建てたりすれば、節税メリットはあるかもしれませんが、いざ売却となればほぼ確実に元の価格から値下がりしているでしょう。

逆に賃貸需要が高い街の駅近くの物件であれば、大幅に値下がりする確率は低くなります。むしろ、街として発展してくれれば地価が上がり、購入価格よりも売却価格が上回る可能性もあります。

管理についても、外壁が剝がれたままだったり、ゴミが散らかったりしたままで入居者がつかなくなってくれば、必然的に資産価値は下落していきます。

逆にしっかり手入れして、設備も更新していけば、他の似たような物件との差をつけられますし、入居者が安定して付くようになるでしょう。そうなれば、結果として資産価値は向上していきます。

図表⑪　不動産の実質的な資産価値の考え方

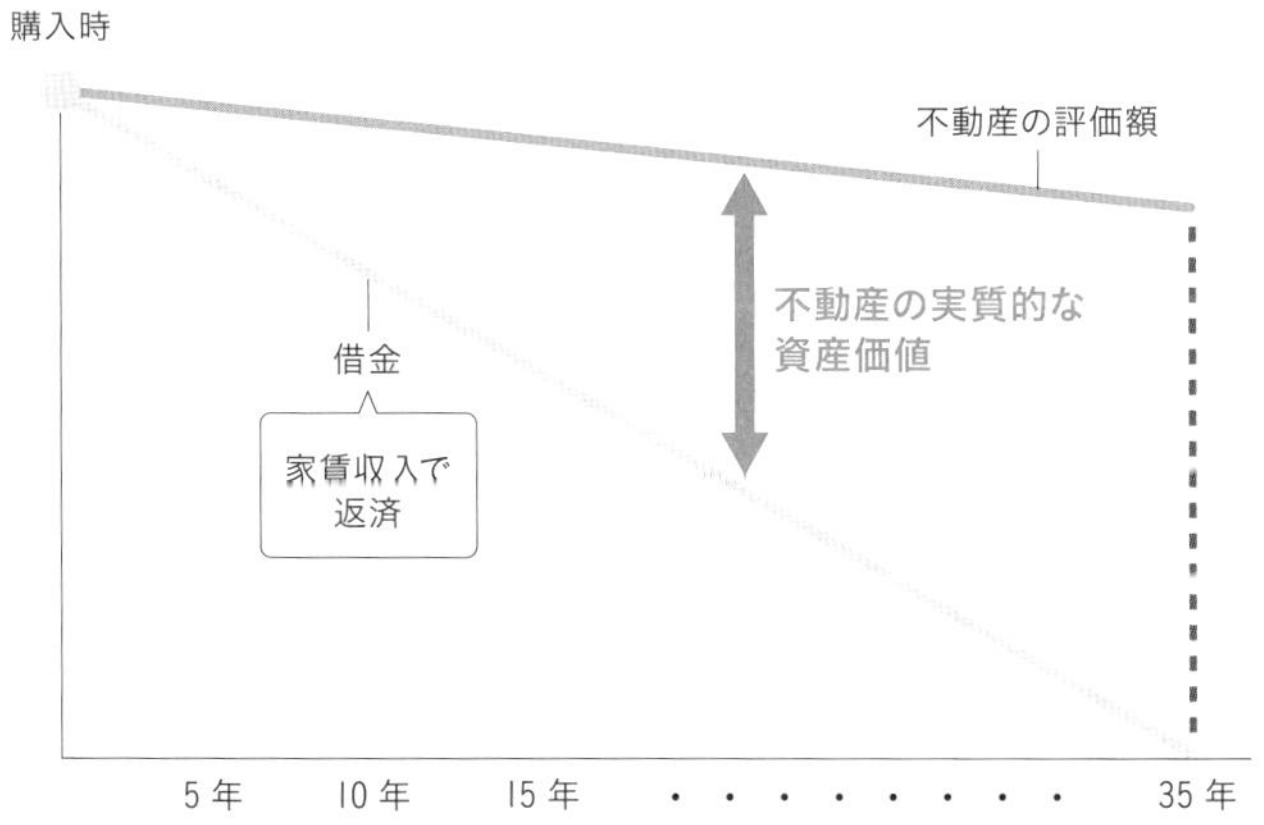

さて、一棟物件を取り扱っている営業マンとの会話の中で、「区分マンションはキャッシュフローが少ないから、投資妙味に乏しい。キャッシュフローが蓄積されていかないから資産形成にならない。リスクを負うだけで負債だ」といわれることがよくあります。しかし、この指摘は資産価値を評価する側面からは正確ではありません。上記の図は、不動産の価値を時間の経過とともに表した図となります。

このように、物件の経年劣化により、購入時と同等の金額で売却することはできなくとも、融資を組んでいれば借入元金は減っていき、適切な管理をしていれば市場価格かそれ以上の金額で売却できる可能性が十分にあります。

もし高く売れれば、老後の生活資金に充てたり、旅行などの趣味に使ったり、人生を楽しむ選択の幅が広がります。高く売れなくても、それまでの家賃収入できちんと儲かっていれば問題ありません。

資産価値の維持・向上は、常に気に留めておきたいところです。

物件を高値で売るコツ

売却するタイミングは、不動産価格が全体的に上がっているときが一番いいです。キャピタルゲインだけで儲けられる人は、リーマンショックのような不況時に仕込み、アベノミクスのような好況時に売る。そんなことができる能力があります。サラリーマン投資家にそれは難しいですが、なるべく高値で売るコツはあります。

まずは、入居が付いている状態にしておくことが重要です。万が一、長期間空室である物件を売却する場合には、相場賃料をベースに物件価格を査定・評価されて価格が決まります。査定する不動産会社によっては、相場賃料を見誤り、実際の相場賃料よりも低く査定された物件価格になってしまうことがあり得ますので、実績があり、信頼のおける不動産会社に査定を依頼することが重要です。

あとは家賃をなるべく下げないことです。当然、家賃を下げれば稼働率は上がるかもしれませんが、投資効率は下がります。1戸あたり家賃を数千円下げると、売却価格が全体で数百万円下がることがありますので、家賃設定はとても大事です。

金融商品の利益確定は、その商品を売却した時点の相場で決まります。この考え方は不動産投資も同じです。

不動産を運営している間は利益確定していないため、いつマイナスに転落するかわかりません。それに備えるためにも、そこまでに得た利益はある程度プールしておきましょう。無事に売却できれば、利益確定したことになり、出口にたどりついたことになります。

コラム②

不動産テックで、何が変わるのか？

巻口成憲《まきぐちしげのり》

――ポストコロナ時代に不動産テックが、不動産会社のあり方をどう変えるのかについて、「リーウェイズ」巻口成憲氏にお話をお伺いしました。

世界のマーケットを見ても不動産テックはフィンテックの次に注目され、成長している領域となっています。日本において不動産テックというキーワードが注目されはじめたのは2017年ごろです。不動産テックマーケットの伸長はめざましく、コロナ禍を経て、従来からある賃貸管理システムなどの業務支援系のシステムや物件検索ポータル以外にも、さまざまな不動産テックサービスが登場してきました。

民泊などのシェアリングエコノミーや不動産クラウドファンディングなどがわかりやすい分野ですが、ポストコロナにおいて最も伸びた領域は、電子契約やVR内覧といったオンライン接客の技術となっています。

オンラインでの接客・契約は顧客側の要請によるところが大きく、デジタルネイティブ世代が顧客層となってきている環境の中、不動産ビジネスにおいてテクノロジーを活用することは、もはや不動産ビジネスにおいての必達事項となったといえます。これは世界共通の不動産事業者の課題です。不動産DX（デジタルトランスフォーメーション）が他社との差別化の源泉を獲得することであるとすると、これらのテクノロジーを活用することはもはや当たり前であり、それによって他社との差別化を試みることは難しくなっている段階であるともいえます。

他方、幅広い不動産テック産業の中で、日本と海外の不動産テック領域での大きな違いはデータ分析分野となっています。北米ではＭＬＳ（マルチプルリスティングサービス）の存在により、不動産のＡＩ査定や不動産取引分析などのＩＴサービスが伸長している一方で、日本においてはレインズという業者間データベースの不備により、データを活用するインフラが整っていないことが格差の原因となっています。

不動産取引において不動産の価値分析は顧客が最も必要としている技術であることは議論の余地がないところですが、諸外国のように成約価格が公開されていない日本の環境で不動産分析に関わるビジネスを展開することは非常に難しいです。

そのため、「不動産をいくらで売買するのが妥当なのか」、「不動産の価値はいくらか」、そういった当たり前の顧客ニーズに対応できるＩＴサービスを提供する不動産テック事業者は非常に限定的となっています。

不動産分析・価格査定の分野では弊社リーウェイズをはじめ20社ほどがサービスを提供していますが、そのほとんどのサービスが、現在の「価格」を査定するサービスにとどまっています。

本来、不動産の「価格」と「価値」は異なる概念です。不動産「価格」とは今この瞬間の値札のことであり、不動産「価値」とは投じたコストに対する対価です。今この瞬間の不動産の「価格」が５０００万円であるとして、５０００万円に見合うリターンがあるかどうかが不動産の「価値」となります。

不動産ビジネスにおいてテクノロジーを活用することが前提の環境の中、顧客にとっての「価値」とは何か、最終的にはそれを提示することができる不動産事業者が選ばれる時代となっています。

弊社リーウェイズでは、独自に収集した2・5億件を超える日本最大級の不動産データベースを有しており、そのビッグデータを解析することで不動産の「価値」を分析できるサービスを提供しています。その技術を不動産のプロフェッショナルに向けて広く提供しており、オリックス銀行、静岡銀行、ARUHIといった金融機関をはじめ、三井、三菱、住友、野村、東急といった大手不動産事業者、ひいては東京電力や東京ガスといったインフラ事業者、竹中工務店などのゼネコンなどにもご利用いただいています。

海外同様、日本において今後必要とされ、また成長する不動産テック領域は不動産分析の分野である中で、その重要性にいち早く気づいた企業が生き残っていく不動産事業者となるといえるでしょう。

リーウェイズ株式会社代表取締役社長CEO、一般社団法人不動産テック協会代表理事。1971年生まれ。立教大学大学院修了、早稲田大学大学院修了。外資系コンサルティング会社などを経て、2014年、IT不動産を事業の柱とするリーウェイズ株式会社を設立。すべての不動産投資家、不動産事業者に向けたオンラインメディア「Gate.Channel」を運営。2017年6月、次世代の人工知能不動産プラットフォーム「Gate」をリリース。

7章

初心者におすすめ!
「不動産投資型クラウドファンディング」の基礎知識

不動産投資の新しい手法が生まれた背景

不動産投資は多くの費用を要するものですから、はじめようという決断には相当な勇気が必要です。その不安は当然のことであり、さらに空室や家賃滞納などさまざまなリスクを考えれば、及び腰になってしまうのは当たり前といえます。

「あと一歩」が踏み出せない理由としては、そうした精神的なためらいもあれば、ローンを利用できないなど属性的な事情もあると思いますが、ここでおすすめなのが、近年大きなムーブメントが起こりつつある不動産投資型クラウドファンディングです。

この不動産投資の新しい手法は、先に述べた理由のために不動産投資をはじめられない方のみならず、すでに現物不動産投資をしている人にとっても、さまざまな魅力を秘めているのです。

この手法は、もともとは事業者が複数の投資家から集めた資金で収益不動産を取得・運用し、得た収益を投資家に分配する「不動産特定共同事業」に由来します。１９９４年に「不動産特定共同事業法」が施行された当時は、不動産特定共同事業法に基づく「許可」を取得した事業者だけに認められた事業でしたが、２０１７年の法改正において、資本金や出資金などの参入要件が緩和され、「特例事業者」の範囲が拡大されました。これによって中小企業が参入できるようになり、この事業の可能性が大きく開かれることになったのです。

この法改正においてもう１つ大きなポイントが、クラウドファンディングの仕組みが整備されたことです。

そもそも「クラウドファンディング」とは、事業家やスタートアップ企業などがインターネットを通じて自身のプロジェクトを発信し、その想いや活動に賛同した人から事業資金を募る仕組みのことです。不動産特定共同事業の契約で電子処理が可能となり、不動産分野でもクラウドファンディング事業を行うことができるようになりました。

図表⑫　募集総額と参入企業数の推移

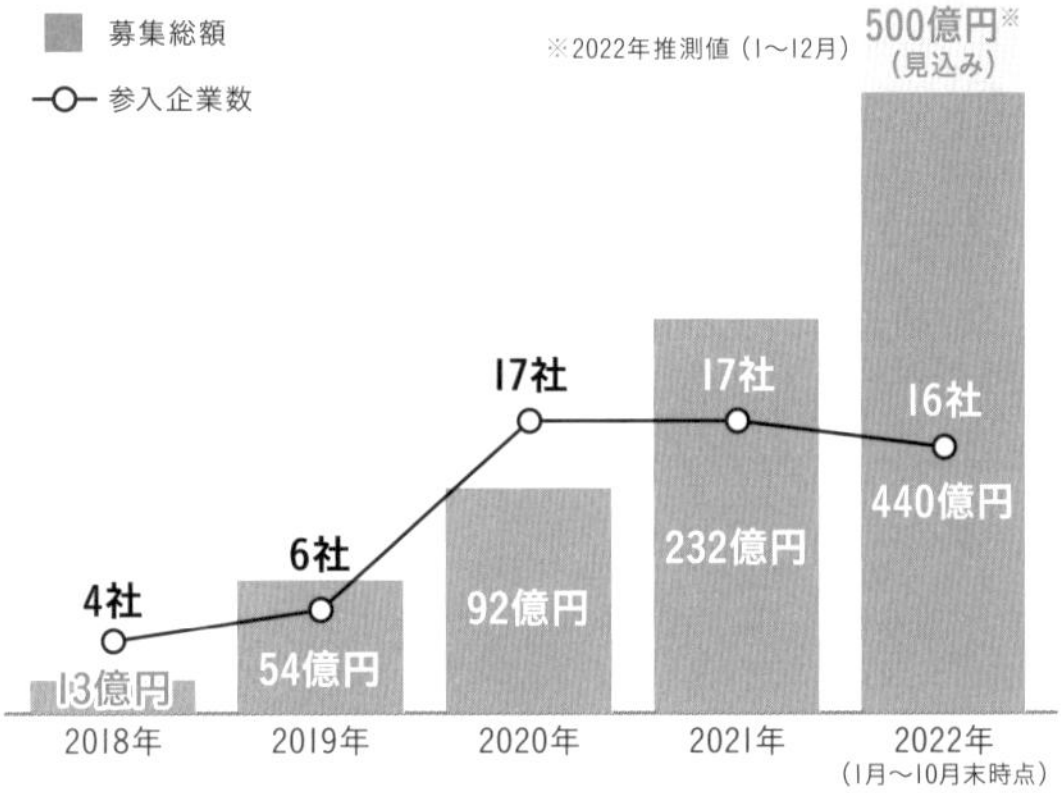

LIFULL不動産クラウドファンディングによる資料をもとに作成（2018年～2022年10月調べ）

さらに2019年には、安全な不動産取引の確立を図り電子取引業務に関するガイドラインが策定された他、不動産特定共同事業への新設法人の参入要件も緩和されるなどの改正も行われ、ますます多くの企業が参入するようになりました。個人投資家にとっては、長期的かつ安定的に不動産投資型クラウドファンディングへと参加できる、そして事業者にとっては、長期的な運用で継続的に報酬を得、投資家に魅力ある商品を組成するような仕組みが整備されたわけです。

現に、先に述べた法改正以降の不動産投資型クラウドファンディングの市場規模の拡大は目覚ましく、年間募集総額は増え続けています。

不動産投資型クラウドファンディングの仕組みとメリット

不動産投資型クラウドファンディングの個々の商品を「ファンド」と呼びますが、投資家は各事業者のサイトで会員登録して専用口座に入金すれば、その事業者が扱うファンドに投資することが可能となります。事業者は投資家から集めた資金によってさまざまな不動産を購入・運用し、得た家賃収入や売却益から投資家に「分配金」を還元します。投資家が得られる分配金の利回りは、一般的には2～6％程度です。

投資家にとって、不動産投資型クラウドファンディングはすべての手続きがインターネット上で完結でき、投資物件の運用・管理などの業務もすべて事業者が行うので、まさにほったらかしで不動産投資を行うことができます。投資家は公開されたファンドの情報から投資先を自由に選ぶことができますが、自分で立地条件や周辺の環境などを調べて投資できるため、「いずれは現物不動産投資もやってみたい」という場合の練習にもなるでしょう。

不動産投資型クラウドファンディングの3つのメリットを見てみましょう。

①少額からはじめることが可能で、分散投資もできる

冒頭で述べたように、不動産投資をはじめる障壁の1つが物件購入資金です。現物不動産投資の場合は物件購入資金として数千万円の費用が必要となり、大半の方は融資を受けますが、なかには5章でお話ししたように融資を受けにくい方もいるでしょう。

しかし不動産投資型クラウドファンディングであれば、ファンドによっては1万円程度からはじめることが可能で、金融機関への借り入れ審査や月々のローン返済の必要はありません。「最初から多額の資金を投入したくない」と考える投資初心者にとっては非常に大きな魅力となります。

また、少額ではじめられるということは、同時に複数のファンドに投資することも可能であり、分散投資することでリスクも軽減することができるのです。

②プロが運用してくれるので「ほったらかし」にできる

アパートやマンションなどの現物不動産を購入すれば、家賃の集金や清掃、入居者のクレーム対応、建物の修繕などさまざまな手間がかかります。ほとんどの場合、不動産投資にかかるこうした管理業務は管理会社に委託し、区分マンションの場合は管理組合が管理を主導しますが、アパートなどの一棟物件の場合は、建物全体の修繕・管理の計画などは経営者である投資家が主導しなければなりません。2章で述べたように「不動産オーナー＝経営者」としての力量が問われる部分でもあります。

不動産投資型クラウドファンディングの場合は、投資家からの出資金をもとにプロが物件を運用するため、手間はかかりません。空室リスクについても気にする必要はないうえ、投資家は、出資すればあとは配当金を受け取るだけでやることはほとんどなく、これが「ほったらかしでＯＫ」といわれる所以です。

③リスク軽減の仕組みが確立されている

不動産投資型クラウドファンディングも投資である以上、いくつかのリスクがあります。しかし、各事業者はリスクを軽減する取り組みをしていることが多く、比較的安心して投資を行うことができます。

リスク軽減の代表的な仕組みとして、「優先劣後方式」と「マスターリース契約」が挙げられます。

「優先劣後方式」とは、投資家だけではなく事業者も一定の割合で同じ物件に出資するという仕組みです。これによって仮に不動産価格が下落したり、家賃収入が減ったりした場合はまず事業者の出資金から補てんし、それでもまかなえなくなった際は投資家の資金が減るという順序になります。

「マスターリース契約」とは、いわゆるサブリース契約のことです。事業者が投資物件を空室の有無にかかわらず一括して借り上げ、入居者に転貸します。この仕組みによって物件の家賃収入はある程度保証され、投資家は安定して配当金を受け取ることが可能になります。

他の不動産投資方法との比較

不動産投資型クラウドファンディングのように不動産に投資する方法として、「現物不動産投資」の他、「ＲＥＩＴ（不動産投資信託）」があります。また、参考までに「ソーシャルレンディング」についても言及します。それぞれの特徴を確認してみましょう。

現物不動産投資

文字通り、投資家自身が現物の不動産を購入し、その家賃収入や売却益を得る投資方法で、投資をする物件は、区分マンションからアパート、オフィスビルまで運用目的に合わせて幅広く選べます。

投資対象の不動産が投資家の資産となる、あるいは投資資金が多額であるためまとまった額のリターンが期待できるなどのメリットがありますが、少なくとも数千万円レベルの多額の物件購入費用が必要となり、金融機関の融資審査として事業計画書などを作成・提出する手間がかかり、毎月の返済義務も発生します。

REIT（不動産投資信託）

REITは、投資家から集めた資金を投資信託運用会社がオフィスビルや商業施設、マンションなど複数の不動産に投資し、得た家賃収入や売却益を投資家に分配する金融商品（投資信託）です。

証券取引所に上場されているので日々取引が行われ、比較的流動性が高いところが魅力ですが、不動産投資型クラウドファンディングと違って投資先の物件を選ぶことはできず、望まない物件にも投資せざるを得ない場合があります。

ソーシャルレンディング

ソーシャルレンディングは、「融資・貸付型クラウドファンディング」と呼ばれます。不動産投資型クラウドファンディングとは運用に必要な事業者登録が異なります。ソーシャルレンディングは不動産に限らず「事業資金を調達したい企業」と「投資（融資）をしたい人」を、事業者を介してマッチングするサービスで、事業者は「貸金業者」となります。融資先企業の事業形態が限定されないため、なかには10％を超える高利回りを期待できるものもありますが、融資先の企業選びには細心の注意が必要です。このサービスを利用する企業は、信用度が低くて銀行からの融資が受けられない企業ということもあり得ます。そのため、融資先の倒産による貸し倒れリスクが決して低くはないことは、覚えておいた方がいいでしょう。

また、サービスを提供する事業者自体の信用度もしっかり見極める必要があります。2020年には、ある事業者が「複数の企業に融資を行う」と説明していたにもかかわらず、実際はその関連会社に貸し付けていたという詐欺まがいの事件が発生しました。その結果、関連会社からの返済が滞り、投資家たちが融資した数十億円分の資金が戻らないという事態になったのです。

こうしたことから考えると現状のソーシャルレンディングは、投資初心者としては先述のリスクがあることを十分に理解したうえで行うべき方法だといえます。

他の不動産投資方法と比較すると、手軽にかつ手堅く投資をはじめたいのなら、不動産投資型クラウドファンディングが向いているといえるでしょう。

不動産投資型クラウドファンディングの4つのリスク

このように、メリットが際立つ不動産投資型クラウドファンディングですが、もちろん投資なのでリスクも存在します。具体的には、次の4つのリスクがあります。

①元本割れ

金融商品の購入や投資に充てた額を「元本」といい、最終的に手にした金額が元本を下回ることを「元本割れ」といいます。不動産投資型クラウドファンディングの場合、運用後に償還される金額が投資に充てた資金を下回ってしまえば元本割れとなります。

元本割れは、ほとんどの投資について回るリスクです。不動産投資型クラウドファンディングは安全性が比較的高い投資手法とはいえ、世界的な金融危機や大きな自然災害などが発生すれば、不動産評価額が下落して元本割れするおそれもあります。そのために、各事業者は前述のような優先劣後方式といった対策を講じているのです。

②人気がありすぎて出資できない

先に述べた通り、近年不動産投資型クラウドファンディングは非常に人気があり、ファンドによっては募集後即完売してしまうこともよくあります。それゆえ、出資をしたくてもできないというケースも珍しくありません。この「運用できない」という期間があることにより資金を眠らせてしまい、投資効率を下げるリスクとなります。「運用できない」リスクへの対策としては、複数の事業者に登録し、多くのファンドの中から投資先を探す、新規ファンドをチェックしておき、募集時には必ず応募する、といったことが考えられます。

③途中解約ができない

不動産投資型クラウドファンディングは、基本的に途中解約ができません。途中解約できるファンドも存在しますが、解約手数料がかかることが大半で、出資額を下回る可能性が高くなります。そのため、不動産投資型クラウドファンディングをはじめるときは、しばらく使用する予定のない余剰資金で行うとともに、応募前に途中解約が可能なのか、可能ならどれだけ解約手数料がかかるのかをあらかじめ確認しておいたほうが安全です。

④金融機関の融資を利用できない

現物不動産投資であれば、基本的に金融機関の融資を利用して収益不動産を購入し、レバレッジをかけて運用します。自己資金を上回る資金を用いて物件に投資できるので、それだけ高い収益を得られるのです。

一方で不動産投資型クラウドファンディングは、現物不動産よりもはるかに少額ではじめられますが、融資を利用することはできません。そのため、全額自己資金での投資となります。

ファンドを選ぶ際の7つのポイント

ファンドにはそれぞれに特徴があり、なかにはハイリスクなものも存在します。どのファンドを選ぶのかが不動産投資型クラウドファンディングを成功させるか否かの大きな分かれ目となりますが、ここでファンドを選ぶときの7つのポイントをご紹介しましょう。

①投資物件の不動産情報

不動産情報は、投資をするかどうかの非常に重要な判断材料になります。ところがファンドによってその情報量に差があるのが実情です。

そのため、各ファンドの不動産情報が十分に記載されているかどうかは、重要なポイントの1つといえます。

②各事業者のファンド数と募集頻度

ファンドによって投資物件や期間、利回りなどが大きく異なり、条件の良いファンドはあっという間に募集が終了してしまいます。扱うファンド数が少なく、募集頻度も低い事業者だと、せっかく会員登録をしてもいい条件で投資をはじめることは難しくなります。

事業者のファンド数が充実しているかどうか、一定の頻度で募集をかけているかどうかというのも、重要なチェックポイントです。

③運用期間

不動産投資型クラウドファンディングは、ファンドによっては3カ月程度の短期運用もあれば、3年以上の長期運用もあります。短期を選ぶべきか長期を選ぶべきかは、自分の投資スタイルに合わせてよく検討する必要があります。

短期運用には、早期にリターンを回収できるというメリットがありますが、回収後は事業者の口座に資金を入れっぱなしで、金利0％のまま放置してしまうという期間が長くなりがちです。その期間は、機会損失につながります。

そのため私は、すぐに使う予定のない資金がある人には、長期運用をおすすめしています。運用期間が長ければ長いほど受け取れる分配金は多くなり、運用期間中は新しいファンドを探し続ける手間を省くことができるでしょう。

④ファンドの規模（募集金額）

不動産投資型クラウドファンディングの投資対象は、2000万円程度のワンルームマンションから数億円規模の大型物件まであります。

ファンドの規模が小さければ、仮に月に何度も募集があったとしても、すぐに埋まってしまい、投資する機会が少ないでしょう。一方で月に一度の募集であっても、大型物件の募集であれば、投資できるチャンスが増えることになります。

それゆえファンドを選ぶときには、扱う物件の規模を確認することも大切です。

⑤優先劣後方式の出資割合

不動産投資型クラウドファンディングでは、ほとんどのファンドで前述の優先劣後方式が採用されています。

先に述べた通り、この方式は事業者が投資家と一緒に一定割合で同じ物件に出資する仕組みです。仮に不動産価格が下がったり家賃収入が減ったりした場合でも事業者の出資金から先に損失を補てんするので、投資家の元本割れリスクを大きく軽減することができます。

この優先劣後方式の出資割合は、事業者やファンドによっても大きく異なります。たとえば、事業者の出資割合が大きいほど投資家の安全性が高まりますが、事業者によって5~30%程度の幅があり、この割合をしっかり確認しておくことが大切です。事業者の出資割合の目安でいえば、10%以下ならば他社と比べて安全性が低く、30%前後ならば比較的安全性が高い事業者といえるでしょう。

⑥ファンドの期待利回りと実績

不動産投資型クラウドファンディングの平均的な期待利回りは4％前後とされていますが、実際はファンドによってかなり差があります。

ただし、期待利回りは高いほど良いとは限りません。利回りが高いほどリスクも大きく、運用が失敗した際の損失が大きくなるということを表しているからです。利回りとリスクは比例するので、自分が許容できるリスクの中で最大の利回りを狙う必要があります。

期待利回りは、事業者のサイトのファンド情報などで確認できるので、事前にチェックしておきましょう。

⑦事業者の実績

ファンドを選ぶときには、ファンドだけに注目するのではなく、事業者の実績も確認しておくことが重要です。いかに安全性の高い手法とはいえ、事業者が倒産すれば出資金はなくなります。事業者の実績として配当金の遅延がないか、元本毀損がないかなどは、最低限確認しておかなければなりません。

総じていえば、不動産投資型クラウドファンディングは手軽にはじめられるうえにリスクが比較的低く、現物不動産投資の疑似体験もできるという、とても画期的な金融商品といえます。今後ますます人気が高まっていくと考えられますが、ブームの波に乗って手当たり次第に投資をするのは危険です。この7つのチェックポイントをおろそかにせず、自身の判断でファンドを選び、投資をはじめることが重要です。

この7つのポイントの中で最も重視すべきは、事業者の信頼度といえます。事業者の経営状態や過去のトラブルの有無、リスクに対する取り組みなどを確認しましょう。事業者をしっかり見極めることができれば、安心して不動産投資型クラウドファンディングをはじめることができるはずです。

コラム③

不動産投資の教科書編集部のセカンド・オピニオン

山本尚宏

皆さんは、セカンド・オピニオンという言葉を聞いたことはありますか。

医療現場では、手術をする前に、かかりつけの医師以外の専門知識を持つ第三者に意見を求めることをいいます。

不動産は高額商品です。不動産投資をするかどうかを検討するにあたって、最初のうちは、何をどう確認すれば良いのかも分からないかと思います。

不動産投資業界では、投資家を言葉巧みにだまして利益が出ない物件を購入させようとする悪徳不動産会社が存在します。

物件の高利回りをうたっているものの、実際は家賃を高く見せている、投資家が儲かりにくい条件が悪いサブリースを強調する、などの事例は多くあります。なかには、購入してもらうために会社で待ち伏せをしたり、家まで押しかけてくることもあるのです。

不動産投資の教科書編集部に寄せられた事例をいくつか見て行きましょう。

①短期間で物件を10戸購入させられてしまった事例

医師であるAさんは、ゆくゆくは開業をしようと考えていました。

少しでも開業資金の足しになればと不動産投資を検討しており、不動産会社に物件を提案してもらいましたが、「いま買わないとなくなってしまいますよ！」などと購入を急かされ、半年間で約3000万円の物件を一気に10戸購入してしまいました。

もちろん、誰もが短期間で複数戸の物件を買えるわけではありません。医師や弁護士は年収が高く、金融資産も多く保有していることが多いため、金融機関から返済能力があると判断されやすく購入できてしまったのです。

頭金はほとんど支払わずに済みましたが、融資総額はなんと約3億円。

しかし、将来の生活資金になればと不動産投資をはじめたものの、物件の残債が重く、開業資金を借りることができず、結果的に開業できなかったという非常に心が痛くなるご相談でした。

物件購入後の相談であり、物件を売却しようにも残債割れとなってしまい身動きが取れませんでした。しかし、金利をどうにか下げられないかと一部の物件の借り換えのアドバイスをさせてもらいました。

②表面利回りを高く見せて購入させられそうになった事例

Bさんは不動産投資をはじめたいと思い、複数の不動産会社で物件を提案してもらっていました。

その中でも利回りが高い物件を見つけ、購入してもよいものかとご相談いただきました。

物件を見てみると、確かに利回りは高かったのですが、エリアや築年数などを見ると、提案された物件の家賃は周辺相場の家賃と比較して1万円程度高かったのです。

物件価格は、収益還元法で評価されるため、家賃が1万円高いと物件価格は約300万円程変わってきます。

周辺相場の家賃よりもかなり高いことを説明し、物件を購入する際はその土地の家賃相場をSUUMOや現地の不動産会社で調べることを伝え、事なきを得ました。

③家まで押しかけてきた事例

不動産投資をはじめようと考えたCさんは、Googleで検索をかけたところ「面談で○万円分のAmazonギフトカードプレゼント！」という不動産会社の広告を見つけ、なんとなく問い合わせてみたそうです。

面談をしてくれた営業担当者はとても親切で、なぜ不動産投資をはじめたいのかといった目的からどのような物件が目的に合致しそうかなどのコンサルティングがあり、後日、面談特典のAmazonギフトカードを受け取りました。

その際にいくつか物件を提案されていたのですが、トントン拍子に話が進み、売買契約の3日前に、本当に買ってもよいものかとご相談をいただきました。

Cさんとお話をした結果、提案された物件はCさんの目的を叶えることが難しいと判断し、お断りをしようということに。しかし、メールでお断りの連絡を入れた翌日、営業担当者の態度が急変し、電話で2時間にわたって説得が始まったのです。夜にも、メールやLINEの連絡が何度もあり、Cさんは疲れ果ててしまいました。

営業担当者は、「なぜ、こんな良い物件を購入しないのか。Amazonギフトカードもあげましたよね」と上司を連れてCさんの自宅まで押しかけてきたのです。このままでは会社まで来られてかなり揉めそうだと感じたCさんは目先のAmazonギフトカードに目がくらんでしまった、と拙速な判断をとても後悔したそうです。

営業担当者は言葉こそ丁寧でしたが威圧的だっ

たといいます。その言動に恐怖を感じたCさんと連日相談をし、都庁とも連携をしながら、営業担当者に対してどのようにお断りをするべきかを考えました。

毅然とした対応を取った結果、何とか営業担当者にもあきらめてもらい、最終的に事なきを得ました。

さて、いくつかの事例を挙げましたが、いかがでしたでしょうか。不動産投資は最初の一歩で間違えてしまうと、高額商品を長期間の融資を使って購入するということもあり、その後の生活に大きな影響を与えてしまいます。

不動産投資の教科書編集部では、全国の投資家から毎月数十件の相談を受けています。

不動産会社の実績は確かか、提携している金融機関の融資条件に無理はないか、営業担当者は不動産投資に詳しいか、営業担当者が伝えそびれている情報はないか、物件は投資家の目的を叶えてくれるのか、物件価格は適正な水準なのかなど、チェックするポイントは多岐にわたります。

不動産投資の教科書編集部では、メディアを運営するうえで、常に意識していることがあります。単に取材記事やセミナーなどの情報を発信するだけにとどまらず、投資家と不動産会社の良い出会いの場となるよう、顔が見えるプラットフォームであり続けたいと考えています。

不動産投資は、パートナー（不動産会社）選びが一番重要です。優良物件を探すのと同じくらいの時間をかけて、信頼できるパートナーを見つけましょう。

お話をしているとたまに不動産会社1社としか

面談しておらず、１回目に提案された物件を購入しそうになった投資家の方もいらっしゃいます。決して焦って決めずに、複数の不動産会社、複数の営業担当者と面談をして、じっくりと検討してみましょう。

不動産投資の検討をはじめてみて、もし何かに迷ったときには、周囲の不動産投資に詳しい方に相談をしてみるか、編集部のセカンド・オピニオンを活用されると良いでしょう。

おわりに――

私たちが「不動産投資のリスクを10分の1にすること」にこだわる理由

本書を最後まで読んでいただいたことに、心より感謝を申し上げます。

「はじめに」でもお話ししましたが、私たちは2014年から「不動産投資の教科書」というメディアを運営しています。それはひとえに「不動産投資がもたらしてくれる〝ワクワク〟を、ひとりでも多くの方々に知ってほしい」、そして「投資家と良質な不動産会社が出会えるプラットフォームにしたい」という想いがあったからです。

このメディアを運営する中で、そして初版の発行をきっかけとして、さまざまな不動産投資家の方々とお会いしてきました。その中で「自身にとって最良な不動産会社に出会えた」、「自身の投資目的を叶えられる物件を見つけることができた」、「投資家として成長できた」という嬉しいご報告を多数いただき、私たちの大きな励みになっています。

また、「お金に関する知識や投資の判断力、いわゆる金融リテラシーが格段に上がった」という感想も多くいただきました。投資についての正しい知識を得るには、日本だけでなく世界の経済情勢に対してアンテナを張る必要があります。そのうえで、投資機会を判断し、投資するべき商品を選定するわけですが、このときに私は必ず、「不動産投資をはじめる場合には、物件を購入したあとの人生を想像してください」とアドバイスすることにしています。

数千万円もの投資物件を購入することは、投資家のその後の人生を大きく左右します。ローンをどうやって返済していくのか、返済に困ったときはどう対処するのか、子供に引き継ぐ際に〝お荷物〟にならないか——。これらに対する答えは十人十色であり、「こうすれば正解」という「絶対解」はありません。それぞれの「最適解」に近づくためには、自分なりに学び続け、考え抜くしかないのです。

考えて、考えて、考えた先に、未来予想図が明確になる。——つまり、不動産投資は、その後の人生を見つめ直すきっかけとなり、多くの不動産投資家の方々はこの過程で成長していくことになります。

繰り返しになりますが、不動産投資家として成長するためには、「正しい、あるいは信頼できる情報」と「判断基準」が不可欠です。私は「不動産投資の教科書」というメディアを、そして本書を、この2つを得るためのツールとして活用していただきたいと考えています。

そしてもう1つ、私たちが目指しているのが、「不動産投資業界に透明性を持たせたい」ということです。

「不動産投資の教科書」を運営する中で、私たちは信頼できる不動産会社を発掘することにこだわり、9年間にわたりメディアを運営してきました。この間、不動産投資業界では、業界を震撼させるさまざまなことが起こりました。投資家への正しい情報提供と本当の意味で投資家に寄り添える不動産会社を発掘することが私たちの使命だという想いは強くなっていきました。

その使命にあらためて気付かされたのは、編集部で実施しているセカンド・オピニオンに相談に来られる投資家の方のほとんどが、不動産会社からリスクが高い物件を提案されたり、その方には合わない融資内容での提案をされているという事実があったからです。そして、あらためて自分たちの使命について考えました。

不動産会社の中には、自社の物件を販売するために都合の良いこと、投資家に耳ざわりの良いことばかり話す営業担当者もいます。世間で問題となった会社以外にも、投資家のことを考えていない会社は本当に多い印象です。

不動産投資は有効な資産運用法の1つですが、一定のリスクがある投資であることは間違いありません。投資家にとって、判断を誤ったときに被る痛手は相当なものがあります。最悪の場合には、自己破産に陥るリスクもあるのです。

私は、これまで数多くの投資家から相談を受けてきました。不動産投資をする目的や目標は一人ひとり違います。ある投資家にとっては最適な選択肢であっても、他の投資家にとってはそうではないこともあり得ます。編集部のセカンド・オピニオンでは、ときには「不動産投資をしないほうがいい」というアドバイスもしています。

さまざまな投資家の話を聞くうちに、不動産投資の問題は「営業時の話と購入したあとでまったく違う」、「営業マンを信用していたのに、マイナスの事柄を事前に教えてくれなかった」など、不動産会社との関係性にあると気が付きました。以前よりも情報が公開されてきたとは思いますが、まだまだ不透明な部分が多い業界であることに変わりありません。

本書では「不動産投資で成功するための1％のコツとして、顧客の立場を理解した不動産会社を選び、かつ優秀な営業担当者を選ぶこと」の大切さを繰り返しお伝えしてきました。今回本書を執筆したのは、この原則を知ってもらうことで、不動産投資をはじめようとする方々や、業界の健全な発展のために役立ちたいという想いがあったからです。

私は起業する前、弁護士ドットコムという会社で働いていました。会社は8年間赤字でしたが、当時の社長は「今は赤字でも正しいことをしていれば必ず収益化できる」と言い続けて、結果的に黒字化し東証上場を果たしました。

この事例を胸に留め、本当に良い不動産会社を掲載しようとメディアを立ち上げたわけですが、そうはいっても、それで不動産投資のリスクをゼロにすることは難しいものです。しかし、限りなくゼロに近づけることを目指して、私たち自身も日々アップデートしています。本書の内容をぜひ、参考にしていただければ幸いです。

本書を執筆するにあたり、多くの方々からご助力を賜りました。まず、株式会社さくら事務所の長嶋修様、リーウェイズ株式会社の巻口成憲様に厚く御礼申し上げます。不動産テックなど、これから大きな節目を迎える不動産業界の未来について、貴重なお話を聞かせていただき、知見を深めることができました。クロスメディア・パブリッシングの皆様にも大変お世話になりました。また、ご協力いただいた多くの投資家の方々に、この場を借りて厚く御礼申し上げます。「不動産投資の教科書」編集部の皆さんもいつも本当にありがとう。

本書が、最適な不動産会社との出会いの一歩となり、不動産投資の成功への一助になれば、著者としてこれに勝る喜びはありません。

株式会社WonderSpace　代表取締役社長　山本尚宏

【参考文献（順不同）】

●『初心者から経験者まですべての段階で差がつく！　不動産投資　最強の教科書』鈴木宏史／東洋経済新報社

●『世界一やさしい　不動産投資の教科書　1年生』浅井佐知子／ソーテック社

●『不動産投資1年目の教科書』玉川陽介／東洋経済新報社

●『新税制対応　プライベートカンパニーを活用して、不動産投資をしよう！』成田仁／クロスメディア・パブリッシング

●『はじめての不動産投資　成功の法則　改訂版』藤原正明／幻冬舎

●『ゼロから始める不動産投資』市川周治／KADOKAWA

●『不動産投資は「新築」「木造」「3階建て」アパートで始めなさい！』田脇宗城／あさ出版

●『上場企業エリート社員のための　最強の不動産投資』森田潤、羽藤将志／幻冬舎

●『不動産投資の裏側（ブラックボックス）を見抜き、堅実に稼ぐ方法』仲宗根和徳／クロスメディア・パブリッシング

●『貯金100万円から月収50万円生活』広之内友輝／ぱる出版

●『はじめてのアパート経営1年生　損する欲張り大家さん、得するのんびり大家さん』徳田里枝／明日香出版社

［著者略歴］
山本尚宏（やまもと・なおひろ）
株式会社WonderSpace 代表取締役社長
1982年神奈川県生まれ。2006年東京大学理学部数学科を中退。在学中に司法試験の勉強を開始（短答式試験合格）。その後、2007年より法律事務所オーセンスに勤務。2010年オーセンスグループ株式会社（現弁護士ドットコム株式会社）にて法人営業などに従事。2012年より参議院議員（当時）で弁護士でもある丸山和也氏の秘書（国会議員秘書）を務める。2013年企業のWebマーケティングを支援する株式会社猿を設立。2014年不動産投資に特化した専門サイト「不動産投資の教科書」を運営する株式会社不動産投資の教科書を設立。2021年株式会社猿にて、株式会社不動産投資の教科書を吸収合併。同年、株式会社猿から株式会社WonderSpaceに商号変更。不動産投資家に、「本当に良質な不動産投資会社だけをお薦めする」という経営理念のもと、業界の健全化に貢献すべく日々奮闘中。

「不動産投資の教科書」公式サイト　https://fudousan-kyokasho.com/

不動産投資《ふどうさんとうし》は、「物件《ぶっけん》」で選《えら》ぶと、
99％失敗《しっぱい》する

2023年12月１日　初版発行

著　者　山本尚宏

発行者　小早川幸一郎

発　行　株式会社クロスメディア・パブリッシング
〒151-0051 東京都渋谷区千駄ヶ谷4-20-3 東栄神宮外苑ビル
https://www.cm-publishing.co.jp
◎本の内容に関するお問い合わせ先：TEL（03）5413-3140／FAX（03）5413-3141

発　売　株式会社インプレス
〒101-0051 東京都千代田区神田神保町一丁目105番地
◎乱丁本・落丁本などのお問い合わせ先：FAX（03）6837-5023
service@impress.co.jp
※古書店で購入されたものについてはお取り替えできません

印刷・製本　株式会社シナノ

　ISBN978-4-295-40896-3　C2034